小文艺·口袋文库

成为你的美好生活

I知人
 cons

胶囊式传记 记取一个天才的灵魂

阿尔弗雷德·希区柯克
他知道得太多了

ALFRED HITCHCOCK | THE MAN WHO KNEW TOO MUCH

[英]迈克尔·伍德 | 著　　杨懿晶 | 译

"其实他太像我们当中的一员,
　不会造成什么危险。"
　　　　——约瑟夫·康拉德,《吉姆老爷》

目录

1 起步　　　　001

2 大战之间　　023

3 大洋彼岸　　049

4 人民公敌　　071

5 变幻的光影　097

6 紧绷的情绪　123

7 到头的好运　153

致谢　　　　175
参考书目　　177
影片目录　　181

1 起步

初涉社会

1899 年 8 月 13 日，阿尔弗雷德·希区柯克出生在英国东伦敦一个敬虔、正统的天主教家庭。当时电影工业问世尚不过几年，二十世纪亟待拉开帷幕。他父亲经营着一家蔬果零售店，全家人就住在店铺的二层。希区柯克父亲的兄弟也对蔬果批发生意有着不小的兴趣。希区柯克一家既不富裕，也谈不上贫穷；他们在这世上稳步前行，世界却没有为他们提供多少上升空间。他们所属的阶层自有其看重的尊严，却难以享受到上流社会和富有资产阶级的特权，也欠缺自觉的、新兴工人阶层正在萌发的力量（英国工党[1]在 1900 年成立）。四分之一个世纪后出生的玛格丽特·撒切尔显然不是工党的一

---

[1] 英国工党（Labour Party），1900 年建立于伦敦。第一次世界大战爆发后，工党支持政府的战争政策，到 20 世纪初，力量日益增强。

员[1]，其所属的阶层与希区柯克一家人相差无几，可以这样说，她的言行举止、衣着打扮和傲慢自大都从未摆脱她的出身，唯有她的（煞费苦心习得的）口音和语调彰显着她习惯发号施令的个性。我不想断言这个阶层掌控了一切或是大多数的情况，即便在英格兰也不是，不过，有一点值得指出，希区柯克和撒切尔这类人似乎有着某种共通点，他们对世事都抱有既定的观点：善于觉察市场的动向，对国家都持不信任的态度，对太过时髦或声名不佳的人表现出合理的不赞同。同时，他们都坚信，要是你想要做成什么事，那就最好亲自去做。

在他儿子的传奇人生里，老希区柯克扮演的并非是一个权威的角色，而是某个崇尚权威的人。据说他曾把儿子遣到警察局去，小希区柯克带去的纸条上要求当值的警官把小家伙关上一段时间，因为他表现不佳。希区柯克声称他永远忘不了"牢门关上的声音……那一下响声，那扇紧闭的、坚固的牢房铁门和插销"。那年他可能是四岁，也可能是十一岁，或者别的年纪……在这个故事的不同版本里，他的年纪总在变化。希区柯克的姐姐证实了事情大致就是那样，但她也可能是在维护一个家族的传说。在我看来，没有理由认为它是编造的，不过，就算它确实发生

---

1 玛格丽特·撒切尔（Margaret Thatcher，1925—2013），英国第一位女首相。撒切尔是英国保守党的领袖，保守党和工党是英国两大主要执政党。

过，它的象征意义也远超过了任何实际的影响。这则轶事标志着对权威的不信任的源起，希区柯克在他的影片里，总会用这样一种固定的方式来表达他的不信任感：警察或任何来自其他权威机构的人都不知道该如何行事，他们只会听命于人，或与父权的形象（或是父亲们）串通一气。这意味着他们总会把事情搞砸，不是这里就是那里出了问题。他们不应被指责，因为他们无法自行思考，要不就是对他们而言，真相实在太过难懂；可也没法指望他们办成什么事。

帕特里克·麦吉利根[1]，希区柯克最翔实传记的作者，否认了这则轶事的真实性，声称"年幼的阿尔弗雷德表现得太好了，他爸爸给他取的昵称是'我没有瑕疵的小羔羊[2]'。"在我看来，这两种说法并非全然矛盾。在我英国式的童年里，"你表现好吗？"这个问题的意思是"你给什么人添什么麻烦了吗？"实际上，"表现好"往往指的是完全顺从，甚至是能很快入睡，暂时闯不了什么祸。我们也可以用一种更简单的方式去理解"警察"给希区柯克造成的终生困扰。他害怕的不是以清白之身被关起来，而是被人发现他是一个稍微越了界的人——他就是自己的警察，因为害怕自己是个糟糕的司机，他甚至不怎么开车。他的

---

[1] 帕特里克·麦吉利根（Patnick McGilligan, 1951— ），爱尔兰裔美国传记作家，作品包括《阿尔弗雷德·希区柯克：黑暗与光明中的生活》。
[2] 具有宗教色彩的称呼，意为没有缺点。

妻子艾尔玛曾说过，有次他"在英国开车，转弯时稍微越过了一条白线"，警察要求他靠边停车并警告了几句，在那之后的好几天里，他都在担心自己是否会被传唤出庭。

另一件童年往事对他产生了更大的影响，尽管少了些戏剧性，却把我们引向希区柯克电影中的其他领域。约翰·鲁塞尔·泰勒，希区柯克的第一位传记作者是这样写的（据说他是直接从希区柯克本人那里听来的），"这孩子在星期天晚上八点左右醒来，发现他的父母都不在家，只有女佣在他的房间里照看他。"这件事"对他产生了难以言说的巨大影响……（并且）直到他结婚后，他都还记得那样一种孤独和被抛弃的感觉"。和很多孩子一样，小阿尔弗雷德也感受到了保姆并非家长的替代者，他也绝非唯一对女佣的能力持保留看法的中产阶级。在我看来，这件事及类似的事件中，最值得注意的是其中隐含的，或者被意识到的恐惧。不只是"我爸妈不要我了"，而是"我一直知道他们会这么做的"。希区柯克的影片里满是类似这样先兆式的恐惧，甚至比这还要可怕，因为它们最终被证实是无迹可寻的。要是事实没能证明它的真实性——就像希区柯克个人经历的那样，那是什么证实了它们的存在？它们留下的阴影为何总是挥之不去？

被丢弃和被监禁的恐惧，以及其他很多类似的情感，它们在童年生活中并不罕见，却也不等同于一个问题重重的童年。不过它们确实暗示着对自我的一种轻微的不确定感。我相信泰勒描述的那个胖乎乎的、警惕的、惯于掩饰自己的孩子形象,确信要是他在任何方面越了界,要是他稍稍透露自己的所思所想,向任何人剖白自己的真实感受,他们(爱德华·李尔[1]的打油诗里严酷的、理性至上的、总在表示反对的"他们")就会设法前来把他逮住。

小阿尔弗雷德在东伦敦的几家天主教学校辗转了一番,最后入读了圣伊格纳修斯学院,在这所位于斯坦福高地的学校里接受了中学教育。这是一所耶稣会中学[2],因而其大部分课程的内容都与英国本土及海外的同类学校相差无几,例如詹姆斯·乔伊斯[3]在1888年至1891年间就读的克朗格斯伍德学院,以及位于萨拉戈萨[4]的萨尔瓦多中学,生于1900年的路易斯·布努埃尔[5]曾在(1908年至1915年)这里上学。此类天主教学校纪律严格,对授课内容的要求却相对宽松,就连作为必学内容之一的"地狱之火"都会以不同的方式燃烧——这门课在圣伊格纳修斯就不如在克朗

---

1 爱德华·李尔(Edward Lear, 1812—1888),英国诗人和画家。他为儿童写作谐趣诗并绘制插图,其中包括《猫头鹰和小猫咪》等,使五行打油诗作为一种幽默诗歌形式而得到推广。
2 耶稣会中学,一般他们将其设立的学校称为学院(College),课程内容包括传统工艺和神学等。
3 詹姆斯·乔伊斯(James Joyce, 1882—1941),爱尔兰作家,诗人,后现代文学的奠基者,代表作有《都柏林人》《青年艺术家的自画像》《尤利西斯》《芬尼根的守灵夜》等。
4 西班牙第五大城市。
5 路易斯·布努埃尔(Luis Bunuel, 1900—1983),西班牙导演,被誉为超现实主义电影之父,代表作有《一条安达鲁狗》《黄金时代》《资产阶级的审慎魅力》等。

格斯伍德讲得那么可怕。尽管如此，不少评论家都会拿希区柯克的耶稣会教育背景大做文章。同时，虽然他与乔伊斯和布努埃尔有着诸多不同之处，但他们都同样信奉令人生畏的传统观念和正教思想。这些艺术家认为，无论他人怎么想，恐惧都不可能是无足轻重的，除非你能够给予正统观念足够的重视，否则你无法把它们抛开，或是与之对抗。

在校时的希区柯克似乎相当孤独，尽管他确实交到了一两个终生都有联系的朋友。他是个内向的孩子，并不热衷于跟其他学生玩在一起，但他在学习方面表现得相当不错，对自己的能力也很自信。他身边很多男同学的家庭出身都要比他好得多，并且自认为他们不久就将成为这个世界的统治阶层。他知道自己有多聪明，但也知道他要追求的是不同的东西。他之所以了解自己的目标，并不是因为他已经决定了自己的方向，而是他清楚只有自己才能决定自己的未来。他相信运气的存在，在他的职业生涯中，他越来越多地倚重于机遇，追逐着它难以捉摸的幻影。但他也确信，为了让幸运降临到自己身上，而不仅是与之擦身而过，一个人能做的还有很多。

一等到从学校毕业后，希区柯克就将这条信念付诸实践。那时他十四岁。在伦敦大学市政议会大学的工程航海部修读了一系列技术课程，后来还到金史密斯学院上过艺术类课程。他开始展露出对设计和建筑方面的兴趣。他找了份工作，先是干了一连串新员工都要做的杂事，然后加入了销售部门。正如麦吉利根所言,如果说希区柯克在圣伊格纳修斯学院是个格格不入的怪胎,那么他在W·T·亨莱电报电缆公司却成了个宠儿,"大家都认识他,而且喜欢他。"他父亲死于1914年,当时十四岁的阿尔弗雷德刚进入公司一个多月。这对他来说是一个沉重的打击,但对于这个在同年7月进入战争状态的国家来说只是一件小事。阿尔弗雷德从未想过要接手家族生意,因而他得以继续从事他选择的工作。

亨莱公司是一家制造电缆和汽车轮胎的企业,除了设计宣传广告的乐趣外(他一直喜欢这类工作,从很多方面来看,他之所以涉足电视行当,就是为了重拾这项老本行),希区柯克还为公司杂志《亨莱电报》(*Henley Telegraph*)撰写文章。如今再看这些故事,它们都呈现出典型的"希区柯克式"风格,尤其是一篇名为《费多拉》(*Fedora*)的文章。它首先告诉读者"每人都有一个故事,而每个故事都是相同的",接着向读者展示了所谓的"故事"并非人们真实的经历,而是我们以为会发生在他们身上的事情。故事中的女主角是个"娇小、单纯、谦逊且安静"的人,可她却引起了每个人的注意。叙事者认为她或许会成为一名政客,或者一个演员。还是她会嫁给某个大城市的市长?"这些都是我的猜想,"希区柯克写道,"我不是预言家;她也不是。"

每个故事都是相似的,这或许是因为每个故事都是虚构的；它阻断了除此以外难以定论的讲述，让未来演变为绝对的过去。

手法与身份的再造

希区柯克在剧院和电影院里消磨了不少时光，他的足迹遍布整个伦敦，每一条公车和地铁的路线他都烂熟于心。后来，在搬到加利福尼亚后，他还会在偶然看到数字 24 时喃喃自语，仿佛把一块玛德琳蛋糕浸入了杜松子酒里[1]，"啊，是的，汉普斯特德休斯到维多利亚"——当时 24 路巴士的路线，如今依然没变。他日后的某些特质已经初露端倪：某种形式的创造者。他把不同的事物联系到一起，创造出新的东西。他发现了看待事物的新方式。他发现了值得注意的新事物。奥森·威尔斯[2]曾说过，电影是一个男孩能够得到的最大的玩具电动火车套装；而希区柯克也许会说电影是一个与科技无关的神奇实验室，结合了机械与玩具的特质的东西——只是这种玩具需要头脑的参与。

人们总是批评他在影片里玩弄了太多技巧，尤其是在职业生涯的早期，而他也确实喜欢各式各样的小花招。但

---

[1] 法国作家普鲁斯特在其长篇小说《追忆似水年华》中多次写到的传统糕点，现多引申为勾起往回忆的物件。
[2] 奥森·威尔斯（Orson Welles, 1915—1985），美国导演，代表作有《公民凯恩》《第三人》《历劫佳人》等。

这些花招是他看待这个世界的方式的缩影，并不总能有效地传达他想要表达的东西，却从不满足于单纯的影片效果。随着他的成熟，希区柯克的作品逐渐展露出它们的独特之处，一切都不再是简单的花招，那些微不足道的东西也被放大了。试想一下拍摄《西北偏北》（*North by Northwest*）[1] 的高潮片段：在中西部的一片旷野里，尝试用喷农药的飞机射出的子弹去干掉某个人。拍摄这个情节比现实中真的用这种办法去杀人要难得多，再说了，谁会想那样做？只有一个创造者才能想到这样的手法。

当一家名叫"名演员—拉斯基"的美国公司宣布要在伦敦的伊斯林顿区开设制片厂时，希区柯克做好了准备。他听说公司有意改编玛丽·科雷利[2]的《撒旦的悲伤》（*The Sorrows of Satan*），于是他为影片写了剧情大纲，并拿给制片人们看了。他们对剧情大纲不怎么感兴趣（并且放弃了拍摄计划），但看出他的潜力并雇用了他。很长一段时间里，他为影片设计字幕——这在默片的世界里可不是一个无足轻重的角色。1920 年至 1922 年间，他设计了七部影片的字幕，随后又兼任了另外五部影片的美术指导。他得到初次执导机会的是一部名叫《第十三号》（*Number*

---

1 影片讲述了罗杰·索荷（加里·格兰特饰）的一段冒险经历，于 1959 年在美国首映。
2 玛丽·科雷利（Marie Corelli, 1855—1924），英国小说家，神秘主义者。

13）[1] 的未完成的影片。在那之后，他又以助理导演、美术指导和编剧的身份参与制作了六部电影。

1922年，"名演员"关闭了自己在伦敦的制片厂，希区柯克转而去为迈克尔·鲍肯工作，后者成了他的第一个影迷和资助人。鲍肯与维克托·萨维尔和杰克·弗里曼共同创立了"庚斯博罗影业"[2]，并接手了伊斯林顿的片场。希区柯克在二十世纪二十年代为鲍肯拍摄了五部影片，十多年后，他又重新与鲍肯合作，完成了好几部伟大的作品。

希区柯克与导演格雷汉姆·凯茨合作了好几部片子，每拍一部电影，他都担负起更多的导演职责。他第二次独立执导的影片是一部名叫《欢乐花园》（*The Pleasure Garden*，1925年）的英德合拍片。这是一个煽情的故事，情节相当老套，主角是伦敦的两名歌舞女郎，其中一个追求财富和名望，另一个好姑娘则嫁给了一个尚未暴露其真实面目的花花公子。留在城里的少女不知她远在热带的丈夫背叛了她，当她前去探访时，丈夫谋杀了他的情人。他趁着酒劲想把妻子也杀了，此刻及时响起了挽救她的枪声，她活了下来，嫁给了另一个一直爱着她的男人。

出于一个非常希区柯克式的理由，走上歧途的丈夫的

---

[1] 1922年，由于希区柯克在电影制作方面的天才表现，公司主管决定由他执导《第十三号》这部影片，遗憾的是，影片的制作因为拉斯基公司在英国经营的结束而停止。
[2] 庚斯博罗影业（Gainsborough Pictures），英国电影制片厂，原为一家发电场。

身亡成了影片的高潮。他被打中后清醒了过来,毫无醉意了;他死前冲那个制止了他暴怒的人低语了一句,"哦,你好,医生"。在片场看到希区柯克拍摄这一幕的德国制片人愤怒地大喊道,"这不可能。你不能给观众看这样的场景。没人会相信的,而且太残暴了。"可他的愤怒显然只是让希区柯克确信了自己在做的事情的正确性。他把这一幕保留了下来。后来,他了解到谋杀一个人需要耗费多少精力和时间,对此他感到相当吃惊,在《冲破铁幕》(*Torn Curtain*,1966 年)里出现了着重描写谋杀过程的一幕,保罗·纽曼竭尽全力地把一个男人扼死在烤箱里。尽管如此,这一幕中更叫人害怕的是它对一个人的最后时刻随意的、近乎漫不经心的展示——不同于那个德国制片人的看法,此类镜头并不是残暴或不可信的,相反,从艺术创作的角度来看,它们显得太过平常,仿佛在一个故事里,死亡会在什么时候降临这一难以预测的事实远远超过了我们的承受力。希区柯克显然就这个问题动了不少脑筋,因为他在第一版《擒凶记》(*Man Who Knew Too Much*,1934 年)的开头再次运用了类似的效果,后来还公开声称不该草率对待一部影片里任何角色的死亡。当然,他选择了一种天才的方式来慎重地处理死亡——让影片里的凶手过于轻描淡写地犯下罪行。

希区柯克是在工作中结识艾尔玛·蕾维尔的。他到

"名演员—拉斯基"[1] 上班的时候，她已经在那里工作了四年，负责剪辑了包括 D. W. 格里菲斯[2] 的《世界之心》（*The Heart of the World*）在内的好几部片子，还担任了其他几部影片的助理导演。从这个角度来看，她是希区柯克的上级，虽然后者在年龄上占了几个小时的上风——艾尔玛生于 1899 年 8 月 14 日。希区柯克相当在意他们之间的差距，至少他是这么说的，声称最起码要等他升到助理导演的位置，他才会向她求婚。他确实在 1925 年那样做了（升了职也求了婚）。1926 年 12 月 2 日，他们在布朗顿礼拜堂结为夫妇。

艾尔玛出生在诺丁汉。她的家庭条件相当不错，全家在她出生后不久就搬到了伦敦。众所周知，希区柯克从一开始就很少在不参考她意见的情况下做出任何决定——假设他真的独立做过什么决定的话。在希区柯克拍摄于五十年代的作品里，她的名字都出现在官方的演职人员名单里。她的名字最后一次正式出现是在《欲海惊魂》（*Stage Fright*，1950 年）的编剧名单里。我们有充分的理由相信，无论有没有出现在名单里，她还是与以往一样多地参与了影片的拍摄，出谋划策、组织安排、做出决断。关于她在《惊魂记》（*Psycho*，1960 年）片场的一则轶事也许可以代

---

[1] 名演员—拉斯基公司（Famous Players - Lasky Corporation），创建于 1916 年，是一家美国电影发行公司。
[2] D. W. 格里菲斯（D. W. Griffith，1875—1948），美国电影早期最重要的导演之一，其代表作有《一个国家的诞生》《党同伐异》等。

表其他很多类似的时刻——除了希区柯克夫妇外，无人知晓的创意咨询时间。在拍摄珍妮特·利扮演的玛丽安·克莱恩（Marion Crane）在浴室中被杀害的一幕时，很多人，包括希区柯克本人，都仔细地观看了拍摄的样片。一切看起来都很不错。当利演出被害的样子时，她看起来确实死透了。不对，艾尔玛说，她在一个镜头里眨眼了——你得重拍这一幕。艾尔玛是对的：她确实眨眼了，尽管只是一闪而过，几乎难以察觉。

我们在评价希区柯克的电影时，必须把他得到的帮助也都考虑在内——杰出的编剧、摄影师、演员、设计师、音乐家，还有其他与之共事的人。可我认为，我们必须把艾尔玛当做希区柯克本人的一部分来看待，她从艺术的角度掌控着他的作品。要是没有她，他也会成就一番事业，这毋庸置疑，但他肯定不会成为我们熟悉的那个希区柯克。

艾尔玛是一个重视个人隐私的人，极度忠实于她的丈夫，为他提供保护，给予他足够的耐心。他也用心守护着她的私人空间，尽管他喜欢用嘲弄的方式来护卫她，而这些玩笑话往往显得过于直白，甚至有些刻薄。对此艾尔玛显然有着不同的理解。她跟他一起生活了五十四年，不可能不知道他喜欢伪装成人们印象中的"希区柯克"的样子。对于她的想法，我们知之甚少，但我们能够想象她的坚韧和聪慧，以及她对希区柯克和这个世界的关切；而且，从传记片《希区柯克》（*Hitchcock*，2012 年）和《那个女孩》

（*The Girl*，2012 年）中我们能够看出，她既不是海伦·米伦也不是艾美达·斯丹顿[1]。她们尽心尽责的表演为这两部传记片增色不少。只是影片塑造的导演形象并非真实的希区柯克，由演员扮演的艾尔玛也不是真正的艾尔玛。那个人不是希区柯克，因为他被拍成了一个人们印象中深陷人生危机的艺术家该有的样子，只不过被安上了希区柯克的名字。那个女人也不是艾尔玛，因为她的形象被塑造得太过平面，米伦的表演过于傲慢，斯丹顿又过于软弱。无论真正的艾尔玛是什么样的，她都要比银幕上表现得更复杂、更神秘。或许我们可以把这些角色看做对她的一种可行的定义：要是你试图把她拍进一部电影，哪怕是写进一本传记里，你都会忽视她的存在，忽视让她得以逃脱你关注的智慧。在帕特·希区柯克为她母亲写的满是柔情和美好往昔（还有菜谱）的回忆录里，她的回忆证实而非驳斥了这点。艾尔玛的隐私还是安全的。不幸的是，希区柯克自己就没么好运了。

1927 年，希区柯克夫妇度完蜜月回到伦敦后，在克伦威尔路上购置了一间公寓，后来又在萨里的夏姆利·格林村买了一栋房子。搬到美国后，他们依然延续了这种模式：大部分时间居住在洛杉矶的贝莱尔住宅区，偶尔造访圣克鲁兹的乡间别墅。艾尔玛是真的喜欢加利福尼亚。希区柯

---

[1] 两人均为英国女演员，分别在两部影片中饰演艾尔玛一角。

克说,"第一次闻到那里的空气,就爱上那里了。"他们从不缺钱,后来还变得相当富裕。他们的吃穿用度都很讲究,还常常去旅行。但他们的行为举止却不像富人,就算境况变得相当宽裕了,他们也不把自己看成是富人。约翰·鲁塞尔·泰勒回忆起遇到正要离开父母住所的帕特,她"看起来有点恼怒":

> 她来探望父母,发现两人正在痛苦地讨论一个问题,要是他先死了(当时他们都79岁了),她是否负担得起继续住在贝莱尔。"我听见自己大喊'哦老天啊,每个人都知道你们是好莱坞最有钱的人,你们还在工作,不停地拿到钱。就算你再也挣不到一分钱,你的财产已经足够你活到两百岁都花不完了。你们干嘛要这样折磨自己?'而他的回答是,'这你可说不准。人总得考虑各种可能性。'"

尽管这条谏言在生活里会惹人不快,也无关于某个真实的原因——和其他人一样,要是希区柯克夫妇想担心点什么,他们总能找到值得担心的事情——但我们也可以用它来解释希区柯克的电影。你总得考虑各种可能性,尤其是在它们几乎不太可能成真的情况下。

帕特里夏是希区柯克家唯一的孩子,出生于1928年。考虑到希区柯克的作品和有关他的诸多传闻,我们会以为做希区柯克家的女儿是件可怕的事情,然而帕特——她喜欢人们这么叫她——却毫无惧意。在那个被一再重复的故事里，她一觉醒来，发现自己的脸被画上了一张骇人的面具。对她来说，这并非一段可怕的往事，反倒是个有趣的回忆。当她谈起父亲的施虐倾向时，她想到的是他用钱来开玩笑的事，而跟他这个人的本质无关。他确实提出要给她一百美元，只要她站上《火车怪客》（*Strangers on a Train*，1951 年）拍摄现场的摩天轮，但他并没有如外界传闻的让她在上面待了几个小时。帕特说，"这件事里唯一虐待人的地方就是，我从没拿到他许诺的一百美元。"从帕特写的书、接受的采访，以及她和孩子们与祖父母一起拍摄的照片里，我们看到的是一个注重家庭的希区柯克，而不只是假装做出关心家人的样子。这无疑是在他偏爱的影片里，家庭常常陷入危机的其中一个原因，以及他为什么会在《冲破铁幕》里扮演一个把小孩举到膝头的小角色。（他清楚所有从绑架到缺少如厕锻炼的潜在危险。）

被错怪的好人

晚年的希区柯克讲过不少自己初执导筒时的故事。拍摄《欢乐园》和《山鹰》时他去了欧洲其他地方，面临资金短缺、胶片被充公的危机，还要应付昂贵的、迟到的明星演员。弗朗索瓦·特吕弗[1]曾说起其中一个故事"比剧本都要精彩",而希区柯克也曾含蓄地表示,这段遭遇比最后的完片更令人兴奋。随后,在 1926 年,他拍摄了《房客》(*The Lodger*),就此奠定了自己的风格——惊悚片的特质、阴郁的伦敦氛围、情绪的堆叠,潜藏在普通人生活中的严重暴力的威胁。一切都已水到渠成,只待希区柯克印下自己的签名。当然他也并非完全无需付出努力。素材是现成的,但只有希区柯克能创造出令人耳目一新的东西。这部电影需要希区柯克的创作,也塑造了他作为一名艺术家的个人形象。

《房客》的开场突兀到了骇人的地步。我们看到一个女人惊恐的脸,却不知道她害怕的是什么。刺眼的灯光照亮了"今晚上演'金发女郎'"的字样。这似乎是一场演出的宣传广告,可我们却看不到任何剧院或街道的影子,只有字眼和灯光。这时我们看到一具躺在地上的尸体,一个被吓坏了的目击者在跟警察谈话,人群聚拢过来。字幕告诉我们"复仇者"又杀人了——这已经是第七次了。这里是伦敦的堤岸区。每个人都在谈论这桩罪案——电台里的报道,街上的闲聊,报纸上的新闻。我们甚至看到正在印

---

[1] 弗朗索瓦·特吕弗(François Truffaut, 1932—1984),法国导演,"新浪潮"运动的代表人物之一。1962 年,他对希区柯克进行了一次长时间的访谈,后来用了四年时间编录成《希区柯克论电影》。特吕弗认为美国批评界只把希区柯克当成一个大众艺术家,他的采访不仅奠定了希区柯克"作者导演"的地位,开拓了法国电影批评的新领域,也对后辈导演们产生了深刻的影响。

刷的报纸。字幕又出现了："新鲜出炉的报道"。我们很快了解到，这个连环杀手专挑金发女郎下手（今晚上演"金发女郎"），并且喜欢在周二行凶。

故事往前推进，我们逐渐理解了片名的含义：黛西是一名时装模特儿，和她不太富裕的双亲住在一起。她有一个当警察的固定男友，后者是个相当无聊的人。他们聊起了连环杀手的事情，男友说他也喜欢金发女郎——他的本意当然是要恭维黛西一番，这其中的联系却让人不安。接着煤气灯暗了下去。有人敲门。一个神秘的英俊男人站在门口，一副心神不宁的样子，他半遮着脸，就像新闻里提到的"复仇者"的样子。每个人（黛西、男友、父母）都吓坏了。但是一切都好，或者说表面看来一切都好。煤气灯灭了，因为需要添油。这个人是看到广告来租房的。扮演房客的是艾弗·诺韦洛，他在片中的扮相与贝拉·卢高西在后来几部德库拉影片[1]里的模样颇有几分相似。

希区柯克声称，二十年代的电影公司和观众中没人相信诺韦洛能出演一个杀人犯，或者说没人希望他会出演这样一个角色。事实上，希区柯克为诺韦洛塑造了这样一种形象，让我们并不怀疑他是杀人犯，而是好奇什么样的叙事转折会为他洗脱嫌疑。答案足够让人满意：房客是追踪杀害了他妹妹的凶手，这也就解释了为什么他的举动和凶

---

[1] 也译作"德古拉"，传说中的吸血鬼起源之一，出现在中世纪的欧洲。这里指由贝拉·卢高西扮演的吸血鬼电影。

手如此相似。这里的重点是清白和罪过留下了很多相同的痕迹。重点并不在于两者之间毫无区别,而是他们的行踪被塑造成了相似的样子。房客成了主要的怀疑对象,遭到逮捕、逃跑,接着在一家酒吧里被认出,一群人动作夸张地追捕他。这一幕的结尾是他被铐在了尖刺栅栏上,镜头对准了铐住他的手铐。警察和众人的怀疑得到了证实,他们有足够正当的理由拘捕他,虽然有的只是表面的证据。在希区柯克的作品里,群众是重要的组成部分,他们的轻信为错误的情节奠定了基础,可以这么说,他们确实相信自己的所见所闻就是真相。在这种模式下,影片只能先给出错的情节,然后才能讲述正确的发展,或者起码表面看来如此。

最后,真正的"复仇者"被抓住了,房客和黛西成了情侣,她的父母表示满意,现在他们一点儿怀疑也没有了。影片的最后几个镜头值得玩味。当这对爱侣拥抱彼此,为影片画下句点时,他们身后"今晚上演'金发女郎'"的剧场广告牌闪了起来。他们亲吻时,这句话又亮了一次。我们看到的是黛西的特写,她一副心满意足的表情,房客的脸在她上方,几乎消失了,我们只看得到他的下巴和牙齿。镜头强调了黛西沉浸在幸福中的表情——她的样子不只是毫无忧惧,甚至像是把忧惧从这世上彻底扫除了;她好像一个在影片里表演"幸福"的人——就此构成了影片真正让人毛骨悚然的一刻(既不隐晦也不费解)。但是出于什么原因呢？或许我们知道这个完美的结局差一点就会导致截然相反的后果——别忘了每个人的怀疑和那些气势汹汹的围观者。或许希区柯克还想提醒我们，抓住一个连环杀手不代表再也没有连环杀手，我们只是在这个特定的故事里清除了他的存在。到处都有迷恋金发女郎的人——剧院里，街上，家里——一个人的清白无辜并不代表整个世界都是清白无辜的。

值得指出的是，在那本作为希区柯克灵感来源的小说里（在被改编成电影前，已经有一部以此为基础的戏剧），房客确实是有罪的，一个狂热的宗教分子，对女人们下毒手；他已经在莱比锡和利物浦留下了让人印象深刻的记录。而他的行动还没完。如果说影片中让我们感到不安的是，倘若犯罪的迹象并不指向犯罪的事实，它们代表的又是什么，那么在小说里，那对出租房间的夫妇忧虑的是他们该怎么处理自己对房客行踪的怀疑。他们不能去报警，因为他们害怕所有跟法律有关的纠葛；在小说的结尾处，他们阴沉地等待着（并非真正地期待）某种解脱。那个丈夫在某一刻的内心活动完全就是希区柯克式的："**最糟的是他无法确定……要是他知道真相就好了！要是他能确信！**接着他会告诉自己，再怎么说，他只有很少的依据；只有怀疑——怀疑，还有一种秘密的、可怕的信念，知道自己的怀疑是正确的。"确有其事的怀疑，和只有怀疑的确信：从逻辑上站不住脚的心理活动，对希区柯克的角色来说，却是某种类似第二本能的东西。

希区柯克拍摄《房客》时的其中一个创举是搭建了一面玻璃天花板,观众可以透过它看到被怀疑的房客在二楼踱步的双脚。这一幕在庚斯博罗的制片人中引发了诸多争议——他们觉得这个镜头过于炫技,并不真实,品位低劣——影片推迟了好几个月才得以上映。后来,希区柯克曾说,他认为这一幕拍得太过直接,要是能有几盏灯或几件家具因为房客在二楼的动作而摇动就好了,暗示楼下那家人不安的情绪和怀疑。如今再看这一幕,我们不会说这是一场巧妙的戏,但它呈现了不可思议的效果:透过这精心构筑的一幕,我们看到了被完美错置的恐惧。

2　大战之间

英国的特质

想要拥有持久的不菲声誉和一系列"导演作品"[1],让它们自行演变,扩大影响,光是把它们创造出来还不够。导演必须不断重塑自己的风格。希区柯克就是这样做的,但他也花了点时间。他又为庚斯博罗电影公司拍了两部片子(《下坡路》(*Downhill*)和《放浪》(*Easy Virtue*),两部都是1927年的作品),接着跳槽到了大英国际影业公司(BIP),一口气拍了八部影片——要是把《埃尔斯特里在召唤》(*Elstree Calling*,1930年)也算在内就是九部,希区柯克只导演其中的一部分。无论是情绪渲染、个人风格还是票房成绩,这些片子都无法与《房客》比肩,但这个结果或许是可以预见的。希区

---

[1] 电影作者论(auteur)是法国新浪潮时期由特吕弗等人提出的理论,主张电影和其他艺术形式一样是导演个人的作品。并非所有的导演都能称之为"作者导演",其影片多呈现出一以贯之的强烈的个人风格,并且导演必须全面掌控影片的制作过程。

柯克要做的不只是延续艺术上的自我创新，他还得赚钱养家。他拍了不少情节剧和戏剧改编作品，还要等上很长一段时间才能（或是想要）去专攻那些最知名的惊悚片，如今我们已习惯于把它们和希区柯克的名字联系在一起。

他还让 BIP 率先转向有声电影的尝试，拍摄的《讹诈》（*Blackmail*，1929 年）一开始是一部默片，后来又改拍成有声片。[1] 值得注意的是，希区柯克一直都在运用无声电影巅峰时期的某些特定风格和技巧，这就解释了为什么他的影片中常常出现大段没有对白的镜头。他可没时间去拍摄那些只有他称之为"记录人们说话的相片"组成的电影。

在希区柯克早期拍摄于英国的作品里，最优秀的都是专注于男女之间问题重重、往往会引发暴力关系的影片。他还建立了一套成熟的构造"悬念"的理论。当特吕弗对他说"很多人都认为悬念与恐惧相关"时，他会直截了当地反驳，"这两者间毫无联系。"接着他会说，"通常情况下，要制造悬念，就必须让公众对所有相关细节都了如指掌，这是不可或缺的。"他用一场晚宴的戏来解释自己的理论。在第一种情况下，无论是观众还是来参加晚宴的客人都不知道桌下藏着一枚炸弹，它已经被设定好，很快就要爆炸。一切都很正常，直到炸弹爆炸了：意外。在第二种

---

[1] 故事讲述了女主角正当防卫杀人后被人敲诈的故事，拍摄后期老板要求希区柯克把它改成有声片，希区柯克对部分场景重拍加入声音，影片也因此成为英国第一部有声片。

情况下，观众知道那枚炸弹的存在，而宾客们不知道。这就有了悬念：观众知道得太多了，我们可以这样说，可他们又知道得不够多。他们知道炸弹会爆炸，却不知道会引发何种反应，造成何种后果；此外，他们当然也被宾客们不知道炸弹存在这一事实所困扰。或者，按照希区柯克的说法，"知道自己在期待什么，他们（观众）等待着那一刻的到来。"要说这种等待与观众忧惧的对象"毫无关系"，这可能并不正确，但这种忧惧与害怕或任何形式的震惊都不尽相同。它也与等待谜题被解开的心情无关。谜题早就被解开了——或者被更换了位置，出现在情节的中段而非结尾。

《指环》（*The Ring*，1927 年）的高潮是一场拳击赛，小心地摆布着观众已知的和未知的剧情。其中一个男人会赢（这是一部电影；我们可以排除平局或未完赛的可能性），无论赢的人是谁，我们可能都不会感到意外。作为观众，我们或许会押那个处于劣势的人——我们是对的，情节就是那么发展的。但他也能赢得自己的妻子吗？到目前为止，她已经非常明显地在跟他的对手调情。比赛打到一半，那个处于下风的人打得相当差劲，而那个女人游移不定的爱意突然转到了他身上——这个潜在的输家，而非胜利的英雄。这似乎违背了角色的形象，也与影片的走向不符。更令人意外的是，看到她变化的神情后，这个本该输掉比赛的人得以重振旗鼓，重新振作精神赢得了比赛。

《指环》的摄影师是杰克·考克斯，他与希区柯克合作了十一部影片。我们会注意到贯穿整部片子的视觉创新，从开场过山车的镜头到片尾拳赛的灯光设置，但最吸引人的还是那些优美的、反复出现的特写，用以表现角色在念头转换间的犹豫不决。希区柯克说得很对，"在现实生活里，人们的面部表情不会透露他们的想法或感受。"在他的影片里反复出现类似的难题，我们无法摸透角色的内心活动或是情节的走向。但考虑到他的很多言论都是精心设计过的，我们可以在接受这种说法的同时对其稍作修改。我们无法准确推断《指环》里那个姑娘的想法，但我们可以从她的表情中读到影片为她设置的两种可能性的冲突。我们知道她在衡量自己的选择，这同时涉及阶层和国家。她在衡量这两种可能性：与澳大利亚冠军、绅士鲍勃的极具诱惑力的未来，对比和出身工人阶层的英国对手杰克朴素的幸福，这两种可能性在稍后出场的吉普赛人的纸牌中呈现为方块国王和桃心国王的两张牌。我们不知道她的倾向性，可她自己也不知道，而镜头也是这么告诉我们的。

　　在《讹诈》里，爱丽丝捅死了一个想要强奸她的人。她在离开那个人的公寓后，整晚徘徊在伦敦街头，经过大本钟楼，听到钟声敲响，看到皮卡迪利广场的灯光。仿佛她要把这座城市纳入搅得她心烦意乱的秘密里，让它成为她绝望中的伴侣。弗兰克，爱丽丝的警察男友，发现了她的秘密，决意要保护她免受牢狱之灾，可爱丽丝不想逃亡。

她写了一封自白信——我们看到栏杆在她脸上印下的条状阴影——然后去苏格兰场自首。弗兰克不断试图劝说她离开，而她坚持要留下；这时警长接到一通电话，打断了他们的对话并持续了一会儿，她终于跟着弗兰克走了。这时影片结束了。

我用了"强奸"这个词。其他评论家的措辞是"诱奸"和"以相当暴力的方式拒绝性交"，暗示除了杀掉那个冒犯她的男人，她还有别的选择来保卫自己的贞操。我赞同塔尼亚·莫德尔斯基[1]的看法，此处的行为就是强奸未遂，而评论家、观众，甚或希区柯克本人都太过习惯于将男性的暴力行为归咎于女性的过错——他们的意思是，爱丽丝其实并不一定得上楼，到那个男人的房间里去跟他调情。再说了，强奸未遂的说法也不意味着爱丽丝的行为就是正当的，何况一切都是从她的视角来讲述的。这就是让她的动机变得耐人寻味的地方。她的本意不是要杀人，可她确实杀了这个男人；她的本能反应导致的后果是她难以承受的。情感上的重压伴随她在伦敦游荡了整晚。

希区柯克在《讹诈》里留下了一个著名的场景，它表现了，在有声电影的初期，运用声效制造出通常由影像取得的效果。爱丽丝父母的一个爱嚼舌根的邻居不停地谈论着几起广为人知的谋杀案（"在他们一起洗澡的时候把他女

---

[1] 塔尼亚·莫德尔斯基（Tania Modleski），电影理论家。

朋友摁到水下"），一点儿也不知道爱丽丝干了什么。那个邻居认为用砖头敲受害人的头至少直截了当："非常英国式的做法。"尽管她对爱丽丝的所作所为丝毫不知情，她的话却像未卜先知，她坚持说自己不喜欢用刀杀人的做法，反复强调着对砖头的偏好。这时，声画陡然变得主观起来，我们开始透过爱丽丝的头脑听见这个女人的唠叨，邻居的声音预示着她的心烦意乱，"刀"这个词被一遍又一遍地突出，仿佛是在对她提出指控。在这里，什么是"英国式"的谋杀玩笑只占次要地位，但它却展现了希区柯克作品中一个反复出现的主题：这个古老的国家并非一个真实的地点，而不过是本国人心里一系列有失偏颇的幻想。

爱丽丝的处境构成了完美的希区柯克式悬念。我们知道她杀了那个男人；我们几乎看到了她杀人的过程，看到她从帘子后面出来，手里拿着一把面包刀。但影片随即又给出了典型的双重疑问，就像《指环》里的双重悬念一样：并不是"她会自首吗？"而是"要是她被打断了，她还会坚持要自首吗？"在这个悬念背后，还潜藏着一个或许难以回答的道德难题，也是希区柯克始终关注的问题之一。这里，就像在《阴谋破坏》（*Sabotage*，1936 年）里一样，我们需要就这个未受惩罚的谋杀行为进行思索。看到这些女人（到目前为止）逃脱了法律的制裁，我们确实感到松了一口气；我们无论如何都不希望她们被抓住。与此同时，我们也为自己的释然感觉糟糕，因为我们选择为了一个犯下暴行的人背叛正义和真理。哦，不，不是我们的选择——是电影的。但我们会做那样的选择吗？要是正义和真理跟我们关心的人站在一边就好了，那会让我们更心安理得。

希区柯克在 1927 年到 1930 年间为 BIP 拍摄的其他几部影片里，最有趣的（虽然有些不合情理）是《谋杀！》（*Murder！*，1930 年），里面又一次出现了女性杀人犯的情节设置。在这部影片里，女主角只是被指控为凶手，值得注意的是，希区柯克拍摄了三部类似主题的片子（《讹诈》、《谋杀！》和《阴谋破坏》），而他的整体作品给人的印象都是在刻画男性对女性的暴力行为，他的第一部主要作品还是关于一个（男性）连环杀手的。

《谋杀！》的看点有些违背常理，这么说是因为这部片子属于希区柯克反复声称自己不喜欢的一种影片类型，英国式的侦探推理片，其专注于在封闭的社群里发生的谋杀案。警探是由赫伯特·马歇尔出色演绎的约翰·梅尼尔爵士，后来他在《海外特派员》（*Foreign Correspondent*，1940 年）中也有出演。约翰爵士不仅是个演员，还是一名所谓的上流社会出身的业余侦探，热衷于喋喋不休地谈论他的理论和方法。这部影片称不上是一部真正的侦探推理片，它的结构相当空洞沉闷。自始至终，我们的全副心思都在戴安娜·巴林[1]悲惨的际遇上，她没有杀人，尽管一切表

---

[1] 戴安娜·巴林（Diana Baring），电影《谋杀！》中女主人公的名字。

象都指向她是有罪的——从希区柯克的角度来看，又是一次天才的转移观众关注点的做法。就连约翰爵士，这位心存疑问的评审团成员，也同意了其他人一致的有罪表决。重要的是，没有什么站得住脚的逻辑或说得通的因果关系能够拯救戴安娜，就算是约翰爵士想破了头的推理也不能。拯救她的是约翰爵士对她的信任，以及他和戴安娜同样身为演员的某种特殊的羁绊。最终，她不情愿地说出了凶手的名字——他是她的爱人，并且生来背负着一个原罪般的秘密：他是个混血儿，尽管影片的基调和氛围暗示了同性恋的可能。因而我们看到的是与《讹诈》恰恰相反的有趣的镜像：取代想要自首却没能做到的有罪的女人，这回我们看到的是一个无辜的、被释放的女人，因为她坦白了宁愿只有自己一个人知道的秘密。无论是哪种情况，法律、甚至真相，都成了不真实的、无关紧要的事情，而揭露真凶的过程似乎就跟《讹诈》中那通打断爱丽丝自首的电话一样偶然。这无疑也是"英格兰"的独特之处，而希区柯克的英格兰却包含了很多当局不屑于去仔细推敲的地方。

在《阴谋破坏》里，就像《讹诈》一样，一个有罪的女人最终逃脱了；而在这部后拍的片子里，自卫的借口也不存在了。伦敦发生了两起恐怖袭击，我们从一开始就知道背后的黑手是谁。在第一起导致城里一整片区域停电的袭击后，维洛克先生（奥斯卡·霍默尔卡饰）回到家，他拿起了报纸，却没看新闻。他知道新闻的内容。他要把报纸遮在脸上打个盹儿。在第二次袭击时,他派妻子的弟弟史蒂维去送一个装着炸弹的包裹和两盘电影胶片。维洛克是一名特工,隶属于某个邪恶的组织,同时,希区柯克在这里开了个讽刺的玩笑,他把维洛克的身份设置成"宝石"电影院的老板。影片根据约瑟夫·康拉德[1]的小说《秘密特工》(*Secret Agent*)改编。原著中的维洛克是一家可疑的书店老板,店里卖的都是些色情杂志和无政府主义报刊。倘若之前提到的晚宴炸弹的情节设置得还不够清楚,这场戏里的炸弹袭击可说是一板一眼地诠释了希区柯克式的"悬念"理论。事实上,影片与小说的情节有着显著的差别,希区柯克仅仅从原著里借用了几个角色和袭击事件作为故事的框架,影片结构的设置有些过于依赖"迟到"的设定,这两个字让我们对将要发生的一切了然于心。让史蒂维在市长就职游行当天把炸弹放到皮卡迪利广场[2]的情节还不错——士兵、马和乐队的队列,加上到处涌来的人群,但让卖牙刷的人拖住他的部分就不那么必要了,这给男孩本就迟了的行动添了更多麻烦。这时开始出现一个适得其反的悬念:希区柯克要到什么时候才会给我们一个痛快的结局?下一刻史蒂维就顺利搭上了公车,

---

[1] 约瑟夫·康拉德(Joseph Conrad, 1857—1924),波兰裔英国作家,是英国现代主义小说的先驱,着重表现人的悲剧性,其代表作有《吉姆爷》、《黑暗的心》等。
[2] 皮卡迪利广场(Piccadilly Square),位于伦敦索霍区,是重要的集会场所及娱乐中心。

我们随即意识到他和其他同车的乘客都不会抵达目的地了，这时声画从爆炸的巴士过渡到了一个在维洛克先生电影院里大笑的观众，这一幕着实让人印象深刻，却又显得冷酷无情。

即使我们知道史蒂维的死是不可避免的，我们也不知道他姐姐温妮会对他的死作何反应，或是她会变成什么样。得知爆炸的消息后，她立即反应过来发生了什么，以及她丈夫在其中扮演的角色。她不断地在街上的孩子们中间看到史蒂维的脸；她喊着他的名字，好像他还能来帮她的忙。她和维洛克先生坐在家里看着彼此，这一幕拍得相当出色：镜头缓慢地推进到她的脸上；他的特写；她的特写；两者反复切换。最后她拿起一把刀——非英国式的杀人工具——干掉了他。接着一个担心维洛克被捕后会走漏消息的无政府主义者来了，炸掉了房子和里面的尸体。然而，在这个人抵达之前，温妮就已经向警方自首。在一片骚动和混乱中，警探似乎刚好记住了这点。"她说她丈夫在爆炸前就死了。"随后他认为自己不确定要不要继续推进这个案子。炸弹和不确定的记忆交错远比《讹诈》中那通打断自首的电话更极端，也更令人费解，但最后的结果却是相似的。温妮和她的朋友一起离开了英格兰。

知情以后

这一时期,战争的消息甚嚣尘上。当时有一种普遍的说法,认为1914年至1918年间的这场军事冲突会是"结束一切战争的战争"[1]。此外还有很多类似的定义,除了表明这个国家是在自找麻烦,还似乎暗示了这个国家所要面对的麻烦是什么。对很多人而言,这场战争预示着真正的战役才正要打响,尤其是在战后,人们发现战争没能带给他们理想的生活。在弗吉尼亚·伍尔夫[2]发表于1925年的小说《达洛维夫人》(*Mrs. Dalloway*)中,有一个罹患炮弹休克症[3]的角色,赛普蒂莫斯·史密斯,现实中有不少和他经历相似的人。在威尔弗莱德·欧文[4]和埃兹拉·庞德[5]的诗作里出现的"谎言"这一全新的主题很快盛行起来。对欧文来说,声称"战死沙场是甜美而光荣的"说法是一个"古老的谎言",为国捐躯。而在庞德的诗里,士兵们"行走着,他们的眼底是地狱/对老人们的谎言深信不疑",以及在那以后,当他们侥幸从战场上活下来,"回到

---

[1] 这里指第一次世界大战。
[2] 弗吉尼亚·伍尔夫(Virgnia Woolf,1882—1941),英国女作家,批评家,意识流小说的代表人物之一。其代表作有《达洛维夫人》《到灯塔去》等。
[3] 这一怪病首现于第一次世界大战中。早期的医学观点基于常识认为这种伤害是"震荡"的结果,也就是颅内大脑受到严重震荡,于是"炮弹休克"被认为是一种生理伤害,所有"炮弹休克"的士兵在制服上都能有一条"伤兵带",他们会被遣散并接受战争受伤赔偿。随着战争深入,越来越多医学观点认为"炮弹休克"属于神经性疾病。
[4] 威尔弗莱德·欧文(Wilfred Owen,1893—1918),英国著名反战诗人。
[5] 埃兹拉·庞德(Ezra Pound,1885—1972),美国诗人,批评家,早期现代主义文学的代表人物。

家中，看到的仍是谎言……古老的谎言和新的恶行。"他们提出的一个新的观点，战争是一种大规模的欺骗行为，整个国家都被灌输了伪善的寓言——并非与战争或战争的需要有关，而是针对战争中要投入的人力，以及该由谁来负担这些代价。在这样的道德氛围里，你需要考虑的不单是战争本身的问题。和平，对和平的怀疑和不确定，以及随后发生在二十年代的经济灾难，构成了另一种形式的战争，没有人知道谁是真正的敌人。

希区柯克也像其他人一样，受到了这种氛围的影响。但他对这种氛围本身产生了兴趣，并发展出了他自己对局内人/局外人的社会处境的理解，一个永远没有安全感的人，能够完美地表演出安全的假象，这无疑让他处于这样一种状态——既是一位表演者，又是一名观众，一个创造事物，同时也喜欢对事物进行思考的人。

希区柯克很多影片的名字都暗示着"知情"与否的问题：《讹诈》《间谍》《年少无知》（在美国上映时的片名是《年轻姑娘》）、《怀疑》《辣手摧花》《声名狼藉》《忏情记》《伸冤记》。他拍了两次《知情太多的人》[1]。那个深陷疑云的男人对情况几乎一无所知，但他知道的仍然太多了，足以让他的孩子身陷险境。在希区柯克的电影里，似乎只有

---

[1] 此处的片名均采用能够表现"知情"的译法，《心声疑影》较常见的译名为《辣手摧花》，《声名狼藉》为《美人计》，《知情太多的人》就是前文提到过的《擒凶记》。

三种选择：知道得太少，知道得太多（无论事实是多么有限），知道了一大堆看似可信、实则全盘错误的情况。

因此，对于希区柯克是一个创造型导演的说法，我们或许还应该补充一点，比起探究我们对真相的追求，他更想要挖掘的是真相为何难以被获知。是否总是很难了解真相背后的动因？是所有真相都如此，还是仅仅在某些情况下如此？希区柯克的影片为这些问题提供了不同的答案，然而，在我看来，它们让我们开始相信，两次大战之间的那些年催生了一系列新的与知情有关的困扰；倘若某些信息能够被更轻易地获知，在其他情况下，人们则近乎神秘地抗拒着对真相的探究。那些能够被轻易获知的信息包括历史和政治方面的新闻、数据、科技发展的情况和其他国家的日常生活。而我们想要避免知道的事情则包括对朋友们和我们自己的感受的理解，对愧疚、动机、责任的看法，对好奇心和它会导致的风险评估。随着报业和名流的崛起，我们不只是在进入一个信息时代，而且比以往都更需要学习一件事情，即我们应该相信什么，又该如何去相信。可以这么说，我们要学习的是如何对信息进行解读。我不认为希区柯克的本义是要帮助我们学习这种能力，或许他根本无意让我们获得任何教益。他想要为我们提供娱乐，让他自己获得乐趣，挣更多的钱。只不过他碰巧就是以这种方式让我们习得了这种能力。要是我们认为这些影片是在给我们灌输什么想法，我们根本就不会去看。

1934 年，希区柯克又开始重新跟迈克尔·鲍肯[1]合作，这回是为高蒙英国电影公司拍片，他为这个公司拍摄了他所有英国片中最著名、也最经久不衰的作品——除了《贵妇失踪记》(*The Lady Vanishes*，1938 年)，那是他为庚斯博罗影业拍摄的一部杰出的影片。如今他已不仅是最知名的英国导演，在国际上也声名斐然，他还是唯一一个享有明星身份的导演。如果不是他的电影，观众在观看时只会考虑演员的存在，或者就像费德里科·费里尼[2]谈起年轻时的自己所说的那样，他们甚至会认为是演员自己写了台词并执导了影片。

这时的希区柯克也成了一个体型巨大的存在，后来也一直保持着这样庞大的体格。儿时的他不过是个胖乎乎的男孩，有几张年轻时的照片几乎能称得上是苗条的。然而，根据拍摄《三十九级台阶》(*39 Steps*，1935 年)时留下的一张著名的照片来看，当时的他已经开始发福了；他成了一个大腹便便的人，那张圆脸也长胖了不少。他一副心满意足的样子，虽然其中也闪动着一丝忧惧。这名摄影师或许捕捉到了他卸下防备的一刻。在其他相片里，他还隐约流露出短暂的不耐烦，甚或是更持久的恼怒。有时，这种恼怒更像是在轻蔑地奚落什么人或事。在一些照片里，摄

---

[1] 迈克尔·鲍肯 (Michael Balcon, 1896—1977)，英国电影制片人。
[2] 费德里科·费里尼 (Federico Fellini, 1920—1993)，知名意大利导演，曾五次摘取奥斯卡外语片奖，其代表作有《甜蜜的生活》《八部半》等。

影师固化了这种形象。希区柯克表现出一副热情的、略带嘲讽的样子——记录下一个艺术家摆出一副艺术家的样子。他的脸上流连着一丝忧伤,却又像是在沉思。还有几分听天由命的味道,一个知道你不能总是得到自己想要的东西的男人的表情。在其他照片里,他表现得像个旁观者,只是一个矮胖的家伙,一个不引人瞩目的人,双手插在兜里,脸上挂着一抹轻微的怪相,略略皱着眉头。当然他也不时控制一下自己的饮食——要是香槟和牛排算得上是节食,那他就一直在节食——减掉数目可观的重量,之后又重新长回来。不难猜测这具庞大的肉体对他意味着什么,他还喜欢开玩笑说自己的体型会成为一种性欲上的阻碍。但这到底是痛苦的自我嘲讽,用来掩饰他的绝望,还是为了让人们不再谈论他的胃口和体重?

希区柯克所有拍摄于二十世纪三十年代的重要影片,都精心构建出一种独特的、融合了英国特质与国际事务的氛围,在《贵妇失踪记》里,这两种元素巧妙地糅合,提供了一种层出不穷的笑料。由巴塞尔·拉特福德和纳恩顿·韦恩成功塑造的两名相当乏味、自负的绅士——堪称爱德华时代排外社交的遗留产物——他们为英格兰感到忧心忡忡。影片设置的时代背景与拍摄时间大致相同,他们被困在巴尔干半岛的一列火车上,名义上是在回国的路上。他们似乎有充分的理由担心。他们看到一份报纸的头条写着"英格兰正处于危机的边缘"。其中一位试着安慰另一位，说"这个古老的国家过去也曾经历过不少紧张的局势"。电影开始了好一会儿后，我们才意识到这两位绅士在谈论的并非"英格兰"这个国家，而是国家板球队。他们担心的是国家队在与澳大利亚队比赛中的表现，以及晚点的火车能否让他们及时回国观看下一场决赛。

希区柯克本人对板球兴趣不大，即便板球本质上是一种观赏性的体育项目，他也不常参与其中。但他知道板球在英国的象征意义，也像所有英国人一样，理解板球的体系暗示着阶级的差别。比方说，他知道打板球的人分为（职业的）选手和（业余的）绅士。最重要的是，他明白在某些英国式的观念里，运动，更确切地说是对运动的特定态度，遵守比赛规则的主张，都是独属于英国统治阶层的特权。你不能期望地位较低的人、法国人或英国平民知晓其中的要领。从这个角度来看，用"英格兰"指代一支板球队的做法并非只有表面的含义：它更像是一种理想化的隐喻，暗示这个国家的上流阶层的观点能够代表其他所有人的想法。当玛格丽特·洛克伍德在片中的角色不屑地说"板球这种东西"完全不值一提，这两名俱乐部会员急不可耐的反驳和他们的面部表情构成了某种形式的国家颂歌——来自愤慨帝国的抵抗。

在希区柯克开始拍电影时，这个过去的世界，或者说这个世界的幻象还未曾消亡之时，它已经开始遭到质疑和嘲弄。而希区柯克是一个持异见的爱国者，英格兰对他有着重要的意义。我们还要指出一点，这两位自命不凡的先生在枪战中成了站在正义一方的好伙计。其中一个敌方间谍不肯杀掉一个英国人，因为她自己也是英国人。"英格兰"意味着阶级和愚蠢的偏见，但它也标示着某种团结的力量，在暴力的威胁下依然能够正确行事的能力。当《三十九级台阶》中的罗伯特·多纳特被推上台发表一次重要的政治演说时，他呼吁"公平交易，机会均等"，听众对此报以热烈的掌声。他的角色是个加拿大人，他所在之地是苏格兰，但英格兰确实在影片中有着举足轻重的地位。

风险管理

"我一连拍了三部电影……都跟间谍活动有关……"希区柯克半开玩笑地说，"那完全是出于巧合。"他还提到了当时正在拍摄的《阴谋破坏》，补充道，"这是一部直截了当的犯罪惊悚片，里头没有间谍。"没有间谍，却有一个国际恐怖组织。在这几部影片里，谋杀不再像之前那样主要是私人的事务。在《擒凶记》里，死亡和死亡的威胁被密不可分地卷进了通常是国际层面的政治阴谋里。但我们要讨论的是哪种政治呢？1938年的政治更注重维持表面的和平与稳定。纳粹正在大举密谋接管世界，而英国人还在为板球操心。影片展现出了英国式天真和愚蠢的一面。或者，说得更好听一点,那些不愿用武力对抗武力的人期望能有最好的结局。德国攻占捷克斯洛伐克的举动不仅宣布了战争的爆发,也导致了《慕尼黑协定》[1] 的签署。然而,1934年的电影所表达的政治观点却要隐晦得多,它们大多基于一种共识,即英国正在被卷入冲突,但这个国家对此却没有清楚的认识。人们唯一清楚的就是英国无法躲开战争的漩涡,作为一个岛国,除了地理上的意义之外,任何以为英国能够置身事外的看法都变得越来越像一种空想。

在《擒凶记》里,英式的口音、玩笑和举止开始显得更像是一种荒谬拙劣的表演,而非一个闲适的统治阶级的标志。同样,它们还标志着被孤立的状态。一个孩子被绑架了,为的是阻止父母透露他们在瑞士得知的一个秘密——影片的开头是一堆被丢弃的宣传出国旅行的小册子——这对父母不明白,为什么有人会担心来自一个他们从没听说过的人的威胁?军情五处[2] 的男人是这么对他们说的,"告诉我,在1914年6月的那天之前,你们听说过一个叫萨拉热窝的地方吗?"[3]

这对父母偶然得知的阴谋是有人要在皇家阿尔伯特音乐厅[4] 刺杀一名他国外交官。希区柯克为这场戏设计了杰

---

[1] 1938年9月29日,英、法、德、意四国在慕尼黑会议上签订的条约。英、法两国为避免战争爆发,牺牲捷克斯洛伐克的利益,将苏台德区割让给纳粹德国。
[2] 军情五处(MI5)是世界上最具神秘色彩的谍报机构之一。业务上对英国外交部负责,为处理安全、防务、外事、经济方面的事物搜集情报。
[3] 1914年6月28日,奥匈帝国皇储在萨拉热窝遇刺,该事件成为一战的导火索。
[4] 阿尔伯特音乐厅,位于英国伦敦西敏市区骑士桥的艺术地标。

出的场景安排，包括一支大合唱团和管弦乐队，演奏着雅瑟·本杰明[1]的乐曲，铜钹的响声和孩子母亲的尖叫保全了外交官的性命。接着希区柯克为他的国际主题添加了几分本土的历史细节，往影片里加入了他印象中的"围攻悉尼大街"的事件。事情发生在 1911 年，距离他的住处不远。一群隶属于某个政党、密谋暴乱的强盗藏匿在一幢房子里，试图跟警察对抗。他们的领头人叫彼得·皮翁特克，历史学家们仍在试图确认他的真实身份。这场冲突持续了六个多小时，随后，内政大臣温斯顿·丘吉尔派了一支苏格兰兵团特遣队[2]去帮助警方。房子着了火，暴徒被打死，警察和一名消防员也在冲突中丧生。

在影片里，两名警察因试图冲击暴徒占领的房子被打死，其他人则死于枪战。所有的暴徒都死了，尽管在某一刻，由彼得·洛尔扮演的首领似乎就要逃出生天，就像真正的彼得·皮翁特克一样。他的脸上挂着一抹不寻常的、邪恶的笑意，一副镇定自若的样子。影片的对白提示我们这些人并非普通的歹徒。当主射手说他要离开时，周围的人坚定地对他说，"你是为了我们的缘故才来的，你得打完这一仗。"到底是什么缘故，影片没有明说，它不过是某种意义上的一个单纯的情节驱动，就像这个组织名为"三十

---

1 雅瑟·本杰明（Arthur Leslie Benjamin, 1893—1960），是澳大利亚作曲家、钢琴家、指挥家。1934 年为希区柯克的电影《擒凶记》配乐。
2 皇家卫队中的五个兵团之一，其历史可追溯到 1624 年，由查理二世在 1685 年带至伦敦。

九级台阶"的行为，只是为了让某人处于险境，制造出救援或释放的需求。但这个情节驱动本身却标示着重要的意义。和《阴谋破坏》一样，影片中的英国人和外国人在策划的都是当局必须要镇压的事情。英格兰并非国际事务中消极被动的一方。就算是表现消极的手法，看起来也像一个有利的举措，或者是一个错误，一个能够被密谋者们利用的某种形式的弱点。

《三十九级台阶》延续了国际背景下的阴谋事件这一主题，尽管整件事情的发展都与主角的主观意愿无关。一名操着神秘欧洲口音的女士（露西·曼娜海姆饰）告诉男主角，她在一家剧院里开了两枪，为的是制造混乱，对此他随口答道"听起来像个间谍故事"。那是因为这确实是个间谍故事，但我们的男主角，理查德·汉内（罗伯特·多纳特饰）还要过一会儿才能明白过来——事实上，是直到她被杀害的那一刻。

接着他了解了整件事的走向。一群敌国间谍正在密谋把一个机要秘密送往国外，这个过程"要不了几天，或者只要几个小时"，在一切发生之前，那个不幸的知情人这样对他说的。汉内被怀疑是杀害她的凶手，前往苏格兰高地寻找线索，一路上经历了一连串的险情，还遇到了帕梅拉（玛德琳·卡洛尔饰）。这次偶遇对他和电影都是件幸事，因为多纳特在片中大部分时间的表演都生硬乏味，情节本身也有不少经不起推敲的地方，而玛德琳为这部片子带来了生机，要不是她，一切都会显得拖沓无力。即便如此，这部影片的构思似乎还是远胜于最后的成片——除了两个让人印象深刻的镜头。

第一幕是所有人都会记得的，历史上也有很多类似这样的桥段，其中最著名的是1945年康斯坦丁·沃尔科夫在伊斯坦布尔的例子。作为一名叛逃的俄国间谍，他本可以向英国情报局透露很多机密。然而，派去审问他的人是金·菲尔比——军情六处的高层，同时也是一名俄国间谍，因此康斯坦丁什么也没说。再没有人听到过这名潜在的泄密者的消息。

汉内对自己正在做的事情和将要去的地方都知之甚少，但他知道一点：尽管敌对方的首领有着一打化名，或一千种身份，但是他有一个难以掩饰的特征：他的一只手上缺了一根手指。汉内在苏格兰高地上摸索奔逃了好一阵，在一个小农场里避了难，惊险地躲过了好几波追踪他的人。最后，他到了一幢很大的乡村别墅，按照他的预期，他本该在那里见到有关当局，警告他们关于这个机密的情况。屋主热情地欢迎了他，汉内向他解释了整件事，包括那个能够识别敌人的特征。据说他少了一截手指。友好的主人问道，"哪一根？"汉内举起手来演示："我想是这根。"主人回应道，"确定不是这根吗？"这时我们看到一个手的特写，这只手上缺了一根手指。

影片中另一个了不起的场景则展现了不同的效果。这个将要被转移到国外的秘密被藏在了一个不寻常的地方：一个叫做"记忆先生"的人的脑袋里。他是一名杂耍戏院[1]的表演者，能够回忆起任何事情——足球赛的结果、赛马优胜者、名胜古迹——于是间谍们要求他记住这个秘密。对此他没有提出任何疑问；他只是对自己的记忆感到自豪，很高兴能接下这项任务。他甚至记下了"三十九级台阶"的定义，还把它背了出来："一个搜集情报的间谍组织，其服务对象是……"影片即将结束，我们正在观看"记忆先生"的第二次表演，这回是在帕拉丁剧院，我们还在观众里看到了那个少了一根手指的男人，这时"记忆先生"被打死了，没能说完这句话。尽管如此，他还是在死前完整地复述了那个机密，对自己的能力感到极大的满足。他问，"我说得对吗，先生？"这是他每次表演时都会说的台词。接着，他说了一句更能反映他心理活动的话，"很高兴我不用再记着它了。"这个角色带有鲜明的英国人的特点，与石黑一雄《长日留痕》（*The Remains of the Day*）[2]中的管家史蒂芬斯颇有相似之处。"记忆先生"很高兴不用再记住这个秘密，因为它占据了他记忆的容量。此外，他肯定也不喜欢被当成一个如此重要的情报携带者。但他的头脑

---

[1] 最先出现于十八世纪三十年代的英国，主要演出各类杂耍节目的剧场，为各个阶层的人提供通俗娱乐。
[2] 石黑一雄（Kazuo Ishiguro, 1954—），日裔英国小说家，诺贝尔文学奖得主。《长日留痕》以第二次世界大战后的英国为现实背景，揭示了二战后英国社会普遍存在的对传统价值观以及举世瞩目的大英帝国殖民霸主地位的怀旧情结。

不是用来思考的,他只是在做自己的工作。"整部电影的概念,"希区柯克对特吕弗说,"就是一个男人被他的责任感给毁灭了……当人们向他提问时,他必须给出答案。《群鸟》里的教师也是这么死的。"这些死亡令人动容,并且以它们的方式赢得了人们的敬意——希区柯克曾对传记作家夏洛特·钱德勒说过,"记忆先生"是他最喜欢的角色之一。但它们也囿于一种狭隘的、盲于服从的旧秩序。在希区柯克的世界里,对责任的背弃往往是得救的方式。

这些影片里包含了间谍、无政府主义者、刺客和阴谋,它们的时间和空间架构都相当广阔。正如我们已经看到的,"悉尼街事件"[1]将我们置于1911年的背景中。《三十九级台阶》改编自约翰·巴肯[2]出版于1915年的同名小说。《贵妇失踪记》(*The Lady Vanishes*)则提到了纳粹,于是我们知道影片的背景肯定是被设置在三十年代末——影片首映于1938年,也就是《慕尼黑协定》签署的那一年。

假设我们把这些真实的和虚构的时间点联系到一起,其中的暗示就会变得相当明显。无论是战时还是和平年代,英国都面临着危机,却浑然不觉;而当这个国家意识到了自己所面临的威胁,它又倾向于忽视或低估危险的程度。影片的重点并不直接跟历史或政治问题相关,希区柯克显

---

[1] "悉尼街事件"指的是当时的苏格兰近卫团在得知某嫌疑人(拉脱维亚无政府主义者)住在悉尼街100号后,以不光彩的方式烧毁了房屋。
[2] 约翰·巴肯男爵(John Buchan,1875—1940),苏格兰小说家及政治家,曾任加拿大总督。

然也不是要剥夺我们观赏影片时从虚构的险情中享受到的乐趣，进而固执地为现实的问题感到担忧。无论从何种角度来看，现实的威胁都更复杂难解，也并不都与应受谴责的他国反面人物或间谍相关。然而，在影像的世界里，尤其是在像希区柯克这样精心建构的银幕时空里，观众能够明显感受到历史和政治的现实隐喻，而它们也贯穿了《贵妇失踪记》的始终。

梅·惠蒂在片中饰演了一位友善的英国老太太，她的举止有些不同寻常，像是从阿加莎·克里斯蒂的侦探小说里借鉴来的角色，出现在一个并不适合她的故事里。她是一名间谍，而非业余侦探，她的名字是弗洛伊小姐，有点像弗洛伊德。她能够读懂迹象背后的隐喻，例如在她入住的巴尔干酒店窗外响起的那首可怕的歌谣；她读懂了其中的秘密讯息，甚至不知道歌手已经因为在歌里透露了这个秘密而被杀害了。影片里还有一对年轻的情侣，由玛格丽特·洛克伍德和迈克尔·雷德格瑞夫扮演，他们终于实现了希区柯克想要的效果，那是他一直在追求的，甚或是从他刚开始拍片起就一直想要表达的：这些角色之间会相互戏弄，甚至有些无礼，可是他们难以抗拒彼此的魅力，也无法拒绝相互之间的吸引力，而我们作为观众永远不会怀疑他们将要走到一起。

最重要的是，在这部影片里，我们又看到了与《三十九级台阶》相似的桥段，提醒我们注意希区柯克所有的故事都与错置的信任和难以确定的怀疑有关；一个错把你的主要敌人当成至友的桥段。在寻找离奇失踪的弗洛伊小姐的过程中，基尔伯特（雷德格瑞夫饰）和伊丽丝（洛克伍德饰）认为每个人都在跟他们作对，只有匈牙利男演员保罗·卢卡斯饰演的医生是站在他们一边的。这个彬彬有礼、看似可信的角色名叫哈茨，他的口音听着像是德国人，尽管他声称自己是从布拉格来的（考虑到1938年德国已经吞并了捷克斯洛伐克，这里似乎有轻微的情节不符）。然而，正如电影学者凯伦·贝克曼在《消失的女性：魔法、电影与女性主义》（*Vanishing Women: Magic, Film and Feminism*）中指出的，这个细节的替换"避免了一再将德国刻画成敌对方的刻板印象"。基尔伯特和伊丽丝当然没有类似的刻板印象。他们想得没错，几乎每个人都在对他们撒谎，说自己没见过弗洛伊小姐那样的老太太，但他们猜错了一点，这些人都是听命于哈茨医生的，他才是一切的幕后主使。他的手指都好好地留在手上，然而，当他的德国间谍身份被揭穿后，他开始厉声给出可怕的指令，而我们也明白过来，到底是什么欺骗了基尔伯特和伊丽丝。哈茨医生是个独断专行的角色，但直到身份败露的那一刻他都表现得相当有教养——一位气质高雅的间谍。在希区柯克的镜头里，纳粹们不会昂首阔步地走来走去，行纳粹礼；他们通常是英国人或美国人，待在优雅的会客室里，行为举止跟他们的暴发户朋友们截然不同——直到他们开始谈论政治，或接管局面。

社会学家T·W·阿多诺[1]并非一个迷信的人，对于"哪怕偏执狂也有自己的敌人"这个观点，他在《最低限度的道德》（*Minima Moralia*）中写下了自己的看法："心理学可以解释，那个想象灾难的人在某种程度上渴望着灾难的降临。但他们为何如此迫切地想要看到这个人的出现？"接下去，阿多诺称他认为自己本该从同学的行为中预见到法西斯主义在德国的崛起。实际上他并没有，但让他感到震惊的还不止于此。"事实是，第三帝国的突然崛起确实让我对自己的政治判断力感到吃惊，但它仍然证实了我潜意识里的恐惧。"希区柯克会说，你无需去德国上学，就能体会到这种恐惧。他还会说——也确实透过他的这些间谍阴谋片说了——难以察觉这类恐惧，或是没能察觉这类恐惧的严重性，成了英国这个民族的决定性特征。

---

[1] T. W. 阿多诺（Theodor Wiesengrund Adorno, 1903—1969），德国哲学家、社会学家、音乐理论家，法兰克福学派第一代的主要代表人物，社会批判理论的理论奠基者。

3 大洋彼岸

完美的对称

1937年,希区柯克一家造访美国的消息在纽约和好莱坞掀起了一阵轩然大波:电影界的皇室出巡。他们也度过了一段美好的时光,麦吉利根告诉我们,早在1932年,"希区柯克就在梦想着美国"。如果说德国曾在很大程度上为他提供了电影作为一门视觉艺术的答案(那里曾是电影产业的中心),如今的好莱坞才是全世界电影业的首府,而希区柯克的志向也让他把目光从小地方转向更繁华的大都市。尽管如此,直到1939年3月,他(和艾尔玛、帕特及他的秘书琼·哈里森)才搭船启程,几个月后,欧洲就将陷入战火之中。

希区柯克动身时已经跟大卫·O·塞尔兹尼克[1]签订了一份合同,他的第一份工作是为塞尔兹尼克国际电影公

---

[1] 大卫·O·塞尔兹尼克(David . O. Selznick, 1902—1965),好莱坞大制片厂黄金时期的大牌制片人。1939年,他担任制片人的史诗巨制《乱世佳人》获奥斯卡最佳影片。1940年,他又凭借《蝴蝶梦》再度获得奥斯卡最佳影片奖。

执导《蝴蝶梦》(*Rebecca*)。为了给《牙买加旅店》(*Jamaica Inn*)收尾,他比原定计划稍迟才离开英国。《蝴蝶梦》根据达芙妮·杜·穆里埃[1]的同名小说改编,由查尔斯·劳顿出演男主角。在这部影片之后,希区柯克只拍过另外一部古装剧,(尤其是对他自己而言)令人失望的《风流夜合花》(*Under Capricorn*,1949年)。不过,如今看来,希区柯克借《蝴蝶梦》首次尝试这个陌生领域的成功在很大程度上要归功于劳顿无需过意不去的夸张表演。

希区柯克一家先是租了卡洛尔·隆巴德[2]的房子,后来又在贝莱尔[3]的贝拉吉奥路上自购了一间屋子。这桩买卖的经过堪称一桩典型的希区柯克轶事。艾尔玛看中了这栋房子,感到非常兴奋;希区柯克假装不以为意,接着摆出一副绅士的派头,把房子的钥匙作为生日礼物送给她。也许就是在他不打算戏弄人的时候,她对这类小把戏也没有更多的好感,但她还是很喜欢这幢房子。他们后来一直住在那里直到去世,期间不断做些增建或修缮的工作。帕特转校到了洛杉矶的马利蒙特高中,开始醉心于戏剧表演,1942年时她已经在百老汇的一出剧目里演了一个小角色。毕业后,她去了伦敦皇家戏剧艺术学院,后来参加了父亲

---

[1] 达芙妮·杜·穆里埃(Daphne du Maurier,1907—1989),英国悬念浪漫女作家。
[2] 卡洛尔·隆巴德(Carole Lombard,1908—1942),20世纪30年代好莱坞著名女演员。
[3] 贝莱尔位于加州洛杉矶西部,是一座位于山区的豪华高级住宅区,也是美国房价最高的区域。

三部影片的拍摄，最著名的是《火车怪客》（*Strangersona Train*）。她还在希区柯克导演的第一部电视剧里演出了十集，编撰了与这些拍摄工作相关的书籍。

希区柯克为大卫·塞尔兹尼克工作时的处境着实有些特别。他有合约在身，而他的老板却不断把他借给其他制作人和电影公司，最终他在七年多的时间里只为塞尔兹尼克拍了三部片子。拍完《蝴蝶梦》后，他为沃尔特·万格拍了一部片子，雷电华电影公司三部，环球两部，然后是福克斯的一部，随后又回来为塞尔兹尼克拍了《爱德华大夫》（*Spellbound*，1945年）和《凄艳断肠花》（*The Paradine Case*，1947年）。希区柯克对财务方面的安排颇有微词——塞尔兹尼克拿走了他挣来的大部分收入，然而，能躲开这位了不起的制片人无处不在的监管，又让他感到轻松不少。《蝴蝶梦》的拍摄过程对两人都不是什么美好的回忆，或许还让希区柯克对这部作品的评价有所降低。如果不是因为制片人对他的诸多干涉，他本有可能更喜欢这部片子。

克劳德·夏布洛尔和埃里克·侯麦说，《蝴蝶梦》是一个披着犯罪类型片外衣的童话故事（*un conte de fées policier*），而影片的开场也确实营造了一种阴沉、神秘的氛围。此处的独白都是引用的小说原文。"昨晚，我梦见自己又回到了曼陀丽庄园，"德温特夫人（琼·芳登饰）用一种特别的、吟唱似的语调说道，好像她是在给一个孩子讲故事，又像是在为老师背诵一首诗。

> 恍惚中，我站在那扇通往车道的大铁门前，被挡在门外好一会儿进不去。铁门上挂着把大锁，还系了根铁链……这时，我突然像所有的梦中人一样，不知从哪儿获得了超自然的神力，幽灵般飘过面前的障碍物。车道在我眼前伸展开去，蜿蜒曲折，依稀如旧……

可这是一部电影，因而我们得以看到她在谈论的东西。它看上去一点也不像一个梦；它像是一张真实、流动的照片，展现了一片幽暗杂乱的树林。似乎是摄像机而非这个角色拥有了超自然的力量，这些影像暗示了角色烦乱的心绪。随后的镜头并未描绘出这个记忆里备受珍视的地方，转而开始否定旁白的叙述。"时光的流逝，丝毫无损于围墙的完美对称。"德温特夫人说。而我们透过树丛看到的却是一片焦黑不平的废墟、哥特式角楼和直棂格子窗的残垣。这幅景象虽不乏美感，却难以让人联想到任何类似完美对称的形象。这可能是场景设计师一时昏了头的产物，却达到了极佳的效果。尽管画面呈现的并非旁白正在讲述的内容，可它的风格却跟旁白的语调完美契合。如果影片坚持忠于原著，是否还有可能背弃原著所要表达的东西呢？

事实上，正是这个问题引发了制片人和导演之间的矛盾。"这不是一部希区柯克的电影。"导演说。他的这种说法并不正确，但其背后的故事却要复杂得多。这当然是一部"大卫·O·塞尔兹尼克影片"，他是制片人，《蝴蝶梦》赢下奥斯卡最佳影片奖时，接受奖项的人也是他。希区柯克得到了最佳导演的提名，最后的赢家却是约翰·福特[1]。他的获奖作品同样是一部根据小说改编的影片——《愤怒的葡萄》(*The Grapes of Wrath*)[2]。或许正是塞尔兹尼克对"忠于原著"的看法导致了这样的结局。"我们买下了《蝴蝶梦》，"塞尔兹尼克在编写第一稿剧本时的备忘里写道，"我们计划拍一部叫《蝴蝶梦》的电影。"这里的"我们"就是塞尔尼兹克。在这部影片里，我们还是能够看到很多如今我们会称之为"希式风格"的东西，既然如此，为什么他要否认这是他的电影？是因为他发挥得还不够？还是因为他认为塞尔兹尼克干涉了太多，哪怕事实并非如此？

稍后，德温特夫人的丈夫，马克西姆·德温特（劳伦斯·奥利弗饰）说她的脸上再也没有过去那种"茫然、滑稽的表情了"。他说得也许没错，可她只是暂时蜕下了那副神情。此时的旁白也不再像是小说中被大量引用的那个叙述者的声音了，它对我们说，回看过往，她发现自己总是一如既往的茫然，对于发生在自己身上的一切几乎一无所知。芳登很好地演出了这种效果，无论是肢体还是声音。

---

[1] 约翰·福特（John Ford, 1894—1973），美国导演和编剧，曾四度获得奥斯卡最佳导演奖，是好莱坞最多产的导演之一。
[2] 美国著名作家、诺贝尔文学奖获得者约翰·斯坦贝克（John Steinbeck, 1902—1968）的代表作。

她用一种古怪的、难以看透的、断续出现的凝视，往她一览无遗的、通常都很漂亮的脸上蒙了一层近乎蠢相的面具，好像她不只是个天真的女人，她的脑袋也不太正常。

希区柯克并不太喜欢芳登，尽管他拍了两部由她担纲女主角的影片。或许是她太严肃了，要不就是太容易受到惊吓，她肯定也不喜欢希区柯克粗俗无礼的玩笑。艾尔玛和导演的其他同事认为她"忸怩作态，笑起来也不自然"。不管怎么说，希区柯克在谈起她时可没留下什么好话，不像他对英格丽·褒曼还有格蕾丝·凯利那样满嘴溢美之词。她们都是他最钟爱的女明星，也是他的好友，经常出现在有他的照片里，你能感受到透过那些相片流露出来的温情和欢乐。或许是因为缺少希区柯克的赞美，即便芳登凭借《蝴蝶梦》提名奥斯卡最佳女主角，后来又以《深闺疑云》（*Suspicion*，1941年）赢下了这一奖项，多数评论家还是低估了她的表演。这种轻视令人遗憾，因为她在两部片子里都有杰出的表现。她的角色都有点神经质，或是变得有点疯狂，但她的表演总是无损自己甜美、聪慧的外貌。这两种特质产生了冲突，进而让观众感到不安。传记作家唐纳德·斯波特提出了一个便于我们理解这种状态的说法，"静默的不安"。芳登在《蝴蝶梦》里的角色是迷惘的，却不知道自己迷惘到了什么样的程度，于是营造出了这样一种效果，好像她自己都无法理解自己的迷惘。在《深闺疑云》里，她不再是一个迷茫的角色，而是被自己的臆想给搞糊涂了。尽管如此,她的脸上还是同样一副礼貌的、试图探究真相的表情。那是一个在收拾自己生活烂摊子的女人脸上会有的表情,即使她在怀疑的是丈夫正要计划谋杀。

幸好德温特夫人在《蝴蝶梦》里还将继续保持迷惘。马克西姆·德温特在法国南部与她结了婚,那时她还像个天真的小女孩,他最不想要的就是跟一个成熟的女人步入婚姻。他已经娶过一个那样的女人了,迷人的、不忠的瑞贝卡,在影片的某一刻,我们以为是他杀了她。所以他才一直不安地回想起她淹死的事实,而不像我们一开始以为的那样,是为失去妻子而哀痛。特吕弗在采访希区柯克时说他"一直没有完全明白"瑞贝卡真正的死因。希区柯克耐心地回答:"噢,真相是瑞贝卡不是被她丈夫杀害的;她自杀了,因为她患了癌症。"特吕弗说他看出来了,但还是不清楚这个丈夫是否在某种程度上怀疑自己是有罪。希区柯克干脆地回答:"不,他没有。"

就影片本身来看,特吕弗的疑虑是对的,只是针对了错误的对象。当然这个年轻的妻子会怀疑马克西姆杀了瑞贝卡,因为在某一刻他似乎已经承认了;观众们也一直是那样以为的。现在我们已经对这个类型的故事了然于心。不是阁楼里的疯女人,就是沉在海底的尸体。简·爱和她之后诸多文学形象都只能爱上被过去困住的、有罪的男人。然而,我们将会看到,希区柯克是在利用这类期待。马克西姆·德温特不是忧郁、浪漫的罪人,尽管那是我们和他的新妻子都渴望的结局，也是我们自以为看透的真相。他只是一个郁郁寡欢的、被宠坏了的家伙，有过一段糟糕的婚姻。

婚后，马克西姆和他的新妻子开着一辆敞篷车驶过曼陀丽庄园的庭院。摄像机向后拍摄，我们透过挡风玻璃看着他们的正面；再看到他们侧面的特写。接着下起雨来。芳登把一件雨衣挡在自己头上，这时希区柯克突然转换了视角。我们看到的是从背后拍摄的两个主角的特写：她罩着雨衣的头，他的外套和帽子。接着我们透过摇摆的雨刮器看到了那幢房子，在倾盆大雨里隐隐地发着光。一开始，天气的变化像是在预示这段婚姻不会有快乐的结局，这时却像在暗示这幢房子本身就是难以靠近的，似乎它将永远隐藏在一道屏障后面，无论是现实（银幕）还是隐喻。

这一幕拍得相当不错，远不止是把小说"影像化"那样简单，但有一幕甚至更叫人印象深刻。新婚夫妇在观看蜜月时拍摄的影片，两人看上去都病恹恹的，看似甜蜜，却不像自己往常的样子——更确切地说，是不像他往常的样子。管家进来打断了他们。她是来通报德温特夫人的一处失误的——之后还将有很多次，证明她难以胜任这幢房子女主人的角色。两人继续观看影片时，她的一句话冒犯了他。她在提及他的过去时用了"流言"这个词。希区柯克选择让两人都被笼罩在阴影里。银幕上闪烁的光线照亮了她的脸，他走到投影机跟前，挡住了欢乐的影片，这下我们和她都看不到银幕了，背后漏出的光映亮了他的脸。她像是一个面临审讯的受害人，他则像是从《诺斯费拉图》（*Nosferatu*）[1] 或《卡里加里博士的小屋》（*The Cabinet of Dr. Caligari*）[2] 片场走出来的人物。在一个镜头里，光线从侧面打在他脸上，让他看起来只剩一只眼睛。他上了发蜡的卷发、军人式的胡子，配上他严厉的目光，像是在某种严苛的性别军事法庭上。这里到底发生了什么？显然不止于情节和对话展示给我们的夫妻间小小的误解。这是一个典型的由希区柯克构建的视觉童话。这是食人魔和小女孩的故事，她爱他，因为他可能会杀了她，他接受了她（而且没有杀她），因为他爱上了她的恐惧。所以他们才能幸福地生活下去——只要她意识不到这幢哥特式大宅所代表的是他真正的欲望。

一生要有一次

希区柯克说他在美国拍了两部"英国"电影，《蝴蝶梦》是第一部，第二部就是《深闺疑云》。两部影片都是根据英国作家的小说改编的，有英国演员出演，并且都呈现

---

[1] 1922年茂瑙拍摄的吸血鬼题材恐怖片。
[2] 1920年罗伯特·威恩执导的德国惊悚片，通过一个惊魂记梦魇般的回忆，叙述了一个身兼心理学博士和杀人狂双重身份的卡里加里的生活，是德国表现主义的代表作。

了希区柯克眼中的英国式"氛围"。更重要的是，在我看来，这两部片子都能看出是受了"开膛手杰克"，或者说希区柯克自己的影片《房客》的影响。

希区柯克钟情于开膛手的故事，但他把这个人物塑造得更像是一则花边新闻，而非一个真实的形象，吸引大众的恰恰是那个错误的版本。当然了，要是它不能吸引观众，也就没法达到导演想要的效果，对此希区柯克了然于心。他也许是从T·S·艾略特[1]的一部不完整的诗剧里找到了自己的箴言，这个完全英国化的美国诗人十分了解这类想象的领域和希区柯克频繁回忆起的通俗戏院的世界。《肌肉萎缩》（Sweeney Agonistes）[2] 中的一个角色告诉我们，他"认识一个男人，曾经干掉了一个女孩"，还补充说"任何男人"都有可能想要做这件事，事实上"任何男人都不得不，需要，想要"去做这件事，至少"一生要有一次"。

这句随口说出的、模糊的总结很快就过去了，"一生要有一次"的说法（在这部片子的语境里）也显得有些过于低调。我们同样注意到了，影片里的这个女人就是"一个女孩"，"干掉"（doing in）这个说法谨慎地把谋杀的行为归为一句俚语，似乎这不过是说这种语言的人的一种民间习俗，而非直白的杀戮。希区柯克在这件事上还是挺严肃

---

1 T·S·艾略特（T. S. Eliot, 1888—1905），英国诗人，剧作家和文学批评家，诗歌现代派运动领袖，其代表作有《荒原》、《四个四重奏》等。
2 艾略特在1926年和1927年分别发表了一部未完成诗剧的两幕，后在1932年集结成一本小书，现常以独幕剧的形式演出。

的——尽管他也常常拿它来开玩笑——但这些都是他的揣测。一个男人会做什么？他可能会说服自己需要去做什么？"任何男人"和那些真的做了这些事的男人之间存在何种联系？

片头字幕伴着一幅明信片式的英格兰乡村图景出现在银幕上：树木、田野，一幢乡村别墅。这类传统景致贯穿了整部影片，尤其是村镇边缘处知名犯罪小说家伊莎贝尔·赛德布斯克（奥利沃·李饰）居住的地方。这是混入了想象的英格兰，诸多神秘谋杀案的发生地，一个没有陌生人的小社群，然而谜底应该让我们感到意外。我们可以看到，希区柯克为什么说这部在美国拍摄的片子是一部"英国"片，这种特质更甚于《蝴蝶梦》，我们能够清楚地领会到什么是他所谓的"英国式氛围"。

在弗朗西斯·艾尔斯[1]的原著小说《事实之前》（*Before the Fact*）里，丈夫是个杀人犯，妻子疯狂地爱着他，准备放任他杀掉自己。希区柯克和很多影评人都声称是好莱坞的默认法则[2]迫使他改动了这一情节，而且加里·格兰特也不愿意扮演一个杀人犯。此外还有对观众反应的预期：没人想看到格兰特扮演的杀人犯，这个形象也难以让人信服。这里的情况完全复制了我们所知道的《房客》的拍摄背景：大牌明星的参与略微缓解了压抑的故事

---

[1] 英国犯罪小说家安东尼·伯克莱（Anthony Berkeley, 1893—1971）的笔名。
[2] 在当时好莱坞的道德准则里，杀人犯不被绳之以法是不可接受的。

情节。我不怀疑是这类压力导致了电影剧本的改编，甚至可能是主要的推动力。我的看法是，和《房客》的情况一样，希区柯克最终呈现在银幕上的恰恰就是他想要的效果，在一个得到了完美解释的世界里，依然存在着不确定的因素，疑云永远不会彻底散去，哪怕影片已经给出了一个看似圆满的结局。

《深闺疑云》最了不起的地方是它让我们看到了，电影能够颠覆一切既定的想法。观众可能会以为，我刚才描述过的那种交叉出现的压力会让影片陷入某种僵局，在可怕的原始情节和刻意轻描淡写的改编之间总会产生不相符的地方——问题不再是"谁是凶手"，而是无法回答的"他是否打算下手？"然而，只要留心影片的各个细节，这个"会不会"的问题就会被另一个与之相关却更骇人的问题所取代：她怎么会那样想？她能否摆脱这种想法？我们甚至会产生与艾尔斯的原著相似的疑问。她对丈夫过分的爱是否让她不惧怕他最坏的一面？她对他的爱是否部分源自那个最糟的可能？

芳登扮演的丽娜·麦克雷德劳是一个沉静害羞的年轻姑娘，年长的双亲对她似乎不太重视，又像是在压抑她的个性。她的父亲是个军人，母亲则是个顺从的妻子。她长得很美，因为这是一部电影，也因为扮演她的人是琼·芳登。她既聪明又勇敢，感到惊讶的时候，她会用一种迷人的方式挑起一边的眉毛。但总体来看，她还是一个内向的人。她爱上了强尼·艾斯加，一个由加里·格兰特扮演的典型的英国男人。他会去猎狐，参加所有的派对，姑娘们都围着他打转。他也爱上了她，还跟她结了婚，这不仅出乎她的意料，也让我们感到吃惊。

丽娜的这桩婚事带给她的是一连串的意外。新婚夫妇度完了蜜月（那不勒斯、蒙特卡洛、威尼斯、巴黎），回到一间豪华的英格兰乡村别墅，一个又一个的房间，全都装饰得富丽堂皇，还有一个训练有素的行屈膝礼的女仆。丽娜说强尼必须"去工作"，才能负担得起这样的生活。对此他不是开玩笑，就是试图转移话题。"我这辈子一直都没什么钱，"他说，他能想到的赚钱办法就是"再去借点"。

强尼找到了一份管理地产的工作，起码表面如此。就在这时，丽娜的父亲去世了，我们以为他不用再去忙着挣钱了，或者说得更不客气点，他对这桩婚姻的期望似乎就要实现了。然而，丽娜的父亲只留给她一笔微薄的年薪。哦，还有一幅巨大的肖像画。画里的将军穿着军装，显然不是一个令人愉快的形象。就在这时，我们似乎看透了整部影片想要呈现的走向，即便丽娜还不清楚。律师宣读了遗嘱，强尼得知了遗产分配的情况，他走到隔壁房间给自己倒了杯酒。他优雅地一口干掉了这杯酒，都没先尝尝味道。当你没什么意外之财可拿的时候，你得拿好所有能够得到的东西。强尼朝墙上的画像举杯致意，说，"你赢了，老伙计。"考虑到"任何人可能做任何事"的准则，我们无法基于这一幕做出揣测。然而,我们几乎能够肯定,这样一个时髦高雅的失败者不太可能沦为杀人犯。显然,丽娜不像我们,对她丈夫的为人没有这样肯定的正面看法。

强尼有个叫贝奇的朋友,一个典型的、喋喋不休的英国式傻瓜。尼格尔·布鲁斯演出了一个兴高采烈的角色,简直像是他和巴兹尔·雷斯伯恩合作的那些福尔摩斯电影里华生的翻版。出于情节需要,编剧给贝奇刻意安排了一种病情,一整杯白兰地就会要了他的命。影片开始后不久,我们就看到他给自己灌了太多酒而无助抽搐的样子。后来,他喝了一大杯白兰地,死在了巴黎。当时有一个身份未知的英国朋友也在场。这个人会是强尼吗?贝奇死后,他能从两人之前一起筹划的商业安排中得到一大笔钱。贝奇本有可能改变主意——尽管他不太聪明,还是能自己拿主意的——而他的死终止了这一切。然而强尼不在巴黎。还是他就在那里?丽娜听说了贝奇的死讯,她对强尼产生了怀疑,毕竟从你的老伙计那里骗走一大笔钱就跟杀了他差不多,尤其是在你必须要干掉他才能拿走他的钱的情况下。她给强尼在伦敦的俱乐部打了电话。他不在那里。丽娜试着对自己(也对她父亲的肖像画)说,"他没去巴黎。"然而,她不断为自己试图否认的猜测寻找证据,看到强尼回家也没能打消她的疑虑。即使他一直表现得非常喜欢贝奇,为老伙计的死哀痛不已,她还是不相信他是清白的。

从这里开始,影片的情节开始加速,驶向了高潮。丽娜越来越相信自己的怀疑是正确的。我们看到一杯牛奶的特写,丽娜认为里面被放了毒,而它看上去也确实有点怪怪的——因为希区柯克在里头放了个灯泡。可是我们怎么能看到毒药呢?牛奶又不会发光——只有怀疑能做到。

我们看到一辆轿车飞驰在悬崖边,从一个很高的视角看着下面的海浪撞在岩石上,整个镜头都是从《蝴蝶梦》里剪出来的,后来还被奥利弗借去用在哈姆雷特的独白上[1]。车门旋开了,强尼好像在把丽娜往外推。然而事实并非如此,他只是试着把她留在车里,阻止她从车里摔下去。他终于明白了她一直以来的想法,也理解了她为什么那样不自然地对待他;她也意识到自己是被臆想完全冲昏了头脑。

这时希区柯克施了一个小小的电影魔法。我们从后面看着那辆敞篷车。车开动了,强尼的手臂环在丽娜的肩上。这是一个善意的、带有保护性质的拥抱,无疑也确认了一个大团圆的结局。他刚刚救了她的命。现在可不是开始怀疑他的好时机。可我们还是忍不住要那样做。起码我想那样做。在那个拥抱里蕴藏着某种威胁的意味,仿佛在宣示着他对她的所有权。然而,除了丽娜的怀疑,没有什么能够支撑她心中的疑影。希区柯克不过是在用这只臂膀往这个看似已经有了定论的结局里混入一丝小小的疑云。

---

[1] 指劳伦斯·奥利弗 1948 年拍摄的影片《哈姆雷特》。

随风而逝

希区柯克在《蝴蝶梦》和《深闺疑云》之间拍了两部美国电影:《海外特派员》(*Foreign Correspondent*,1940年)和《史密斯夫妇》(*Mr. & Mrs. Smith*,1941年)。后者是他对美国神经喜剧[1]的一次勇敢的尝试,由卡洛尔·隆巴德和罗伯特·蒙哥马利主演。片子拍得相当有趣,但跟这类影片的本土经典相比,故事节奏显得十分拖沓。《海外特派员》的拍摄拖了很长时间,但它让希区柯克直面了战争这个不安的话题,在他不久前离开的那个国度,战争正在全面爆发。

希区柯克在战争初期就离开了英格兰,说得更确切一点,是在战争爆发前几个月。这让他如释重负。和W. H. 奥登[2]和克里斯托弗·艾什伍德[3]一样,因为长居海外,他在英国饱受斥责。到了1940年8月,迈克尔·鲍肯,他的老朋友和曾经的雇主,对"著名导演们"躲到好莱坞的行为嗤之以鼻,尤其是其他人都在为这个深陷战火的国家效力。他在1940年的《星期天电讯报》上发表了好几篇文章,其中一篇题为"背逃者"。其他英国人也加入谴

---

1 神经喜剧(Screwball Comedy),又称疯狂喜剧。介于高雅喜剧和低俗喜剧之间的喜剧类型。
2 W. H. 奥登(Wystan Hugh Auden,1907—1973),被公认为艾略特之后最重要的英语诗人,出生于英国,1946年加入美国国籍。
3 克里斯托弗·艾什伍德(Christopher Isherwood,1904—1986),英美小说家、剧作家。

责的行列，演员西摩·希克斯说应该拍一部叫《随风而逃》[1] 的片子，让查尔斯·朗顿和赫伯特·马歇尔来主演[2]，希区柯克做导演。

奇怪的是，希区柯克在《海外特派员》一片中插入的向美国呼请支持的桥段（"你好，美国，请守住你的光明，因为这是世上仅存的光明了"）也没能在英国本土得到好评。他们认为这是对勇敢坚守的英国人的冒犯，暗示他们无法保护自己的国家。事实上，麦吉利根告诉我们，确实有一些在好莱坞发展的英国电影业人员回到本土参战。战争期间，希区柯克也回过几次国，为战时不同的需求做出贡献，还拍了两部支持"自由法国"[3] 的影片。战争接近尾声时，他用记录德国集中营的影像素材参与并制作了两部长篇纪录片[4]。

尽管如此，这段历史还是提出了不少疑问。针对希区柯克的指责不仅过火，也有失公平——他没有从任何一支军队里"背逃"，哪怕从隐喻的角度来看也没有——但我们也许可以这样看待这件事，如果他继续在英国当导演，除

---

[1] 这里是在借用《乱世佳人》（*Gone with the Wind*）讽刺。
[2] 这两位演员都在战前到了好莱坞发展。
[3] 第二次世界大战期间，由戴高乐领导的法国反纳粹德国侵略的抵抗组织，于1940年6月成立。
[4] 《集中营的记忆》是1945年盟军解放集中营时拍下的最原始的影像，该片导演是席尼·伯恩斯坦，顾问为希区柯克，他曾参与剪辑。另一部纪录片《夜幕会降临》在《集中营的记忆》基础上进行修复和重剪，其中最大的亮点莫过于希区柯克在记录片中的出现，当时已经到好莱坞发展的希区柯克回到伦敦，受伯恩斯坦之邀，帮助他制作这部纪录片。

却影片本身的宣传作用，对国民情绪和经济也会有好处。和其他时期一样，高质量的影片在战时也是一种鼓舞士气的方式。电影学教授查尔斯·巴尔写过一篇杰出的文章，他启发了我的观点，他提出，希区柯克之所以决定留在美国，很大程度上是基于个人和职业发展的考虑，甚至还有经济方面的因素，阿尔弗雷德和艾尔玛把对自己未来的考量放在了他们对国家的义务之前。这是一个合理的选择，只有真正的英雄，而不是我们都在想象自己可能成为的那种英雄，才有资格否定他们的做法。

《海外特派员》花了很长时间在好莱坞寻找编剧和导演。它的原著作者是文森特·西恩，一个曾在海外多地工作过的美国新闻记者。艾尔玛·希区柯克（是否指两个人，原文没逗号）和琼·哈里森设计了一个情节，希区柯克让查尔斯·贝内特也参与了进来。查尔斯是他的好朋友，他们之前也有过合作。这几个人联合起来要把这本回忆录改编成脚本。罗伯特·本奇利[1]在影片里扮演了一个和气的、爱聊天的驻外记者——那种什么都不干的人。他说这部片子成了"一出彻头彻尾的情节剧，就像《贵妇失踪记》或《三十九级台阶》，只是没那么好。"

这部片子在很多方面甚至比本奇利的评价还要糟。它并不是一部真正的情节剧；间谍惊悚片的框架里掺入了少

---

[1] 罗伯特·本奇利（Robert Benchley, 1889—1945），美国幽默作家。毕业于哈佛大学，1935年因短片《如何睡觉》获得奥斯卡奖。

得可怜的疯狂喜剧的元素，希区柯克显然也不怎么投入。传闻说他每天中午都要喝掉一品脱香槟，拍摄的大部分时间都在打盹。他的体重飙升到了三百磅——"再也没有达到过的巅峰。"麦吉利根如是说。影片大部分的内容真的不怎么样。也许他找到了一个办法，做着梦就能心不在焉地把故事拍出来。

然而，影片还是振作了起来，或者可以这么说，它找到了自己的节奏。我们的男主人公，约翰·琼斯（希区柯克本来想让加里·库伯来演，但最后是乔尔·麦克雷得到了这个角色）被派往伦敦，报道战争发展的情况——当时战争已在欧洲打响，但在影片的叙事时间里，它还正要爆发。约翰目睹了一起暗杀事件——这一幕的场景设置在一座荷兰城市里，所有那些雨伞和市政厅台阶上的镜头都让人印象深刻，就是从这一刻起，影片才变得精彩起来。整起暗杀事件原来是个掩人耳目的诡计。被干掉的是一个外貌相似的人，真正的目标则被绑架、折磨，直到他透露敌人想要的秘密。影片没有明说敌人到底是谁——他们的首领是一名伦敦大使，驻扎在一个叫博罗维亚[1]的地方。但最终敌人还得是德国人。我们之所以知道他们是敌人，主要是因为他们一边长篇大论地谈论和平，一边毫不在乎地杀人。无懈可击的赫伯特·马歇尔演出了史蒂芬·费舍尔，

---

[1] 博罗维亚，位于西班牙索里亚省。

敌对团伙的头目,他甚至瞒过了自己的女儿,卡罗尔(拉雷恩·戴饰)。她也不知道他的政治立场。她爱上了约翰,在两个男人和两种截然对立的世界观之间左右为难。为了让故事继续下去,影片动用了更多复杂、愚蠢的情节安排,不过我们还是乐意看到乔治·桑德斯[1]的出现。他扮演了一个愉快的好家伙,斯科特·福利特,这在他的演艺生涯中可不多见(也许是他唯一类似的角色?)。在揭露阴谋的过程中,斯科特的作用甚至比约翰更大。约翰则履行了他的工作职责,把新闻播了出去。

史蒂芬和卡罗尔·费舍尔乘坐一架飞机从欧洲逃往美国。飞机突然遭到德国敌机的攻击,开始下落,最终坠入大海。只有为数不多的生还者。就当时的摄影水平而言,这是一个技术精湛的镜头,要从一架飞机内部拍摄往下急速跌落的镜头,要在片场动用一只巨大的蓄水池,还有破碎的玻璃和被困在一只机翼上的无助身影。然而,在袭击之前,发生了一幕令人动容的场景,尽管有些不自然,史蒂芬对他的女儿坦白了一切。他说自己一直忠于祖国,只不过他的祖国并非英格兰,用他的话来说,他是在用"一种非常困难的方式"保持忠诚。"有时候,"他补充道,"用不光彩的方式去战斗,比起公开、高尚的斗争要更难。"他坚称自己不会对审判他的法官说任何类似这样的话,只想要女儿知道,他感

---

[1] 乔治·桑德斯(George Sanders,1906—1972),俄裔英国演员,在好莱坞影片中塑造的大多是些风度优雅、玩世不恭的形象。

到"些微的羞愧"。他没有直接说出哪里是自己的祖国——也许女儿心知肚明。她震惊不已,并不打算维护他或赞同他的观点。但她开始理解他,毕竟他是她的父亲。

没过多久,当这群人逃到机舱外破损的机翼上时,为了要不要把生还的飞行员救上来,他们之间发生了争执。飞行员从飞机的残骸之中游向他们。其中一个人大声说道,他们不能救他;再多一个人,机翼就会沉入海底。史蒂芬仔细地听着,随即自己滑进了海里。这个动作难以弥补或改变他的所作所为,但此举为其他人的得救做出了小小的贡献,尽管他和他的团伙曾夺走了更多人的性命。

这个举动把我们带回到这部影片中从真正意义上来说深刻的一幕。当史蒂芬要密谋干掉约翰的时候,他用一种似乎相当伪善的方式向约翰描述起那些阴谋破坏的人——他应该不属于这个团伙——用他自己都不相信的口吻谴责他们。"他们是极端分子,"他说,"他们疯狂地热爱自己的国家,同样疯狂的还有他们对生命的轻视,无论是他们自己的,还是别人的。"然而我们在银幕上看到的却是充满敬畏的赞赏之情。在史蒂芬说话的时候,镜头一直停留在他的脸部特写,他是在描述自己的理想,纯粹的极端主义的幻梦。演说的最后一句话是,"他们是一帮狡猾的、没有道德原则的人,也是……给人以启发的。"

在战火尚未蔓延到美国的语境下,值得探问的是希区柯克为何会关心这类道德和政治的难题。影片以一段慷慨激昂的支持战争的呼吁结束。约翰·琼斯回到了英国，发表了那段我们早就部分听说过的演讲，摄影棚里的灯光也确实熄灭了，背景声奏响了美国国歌。哈里·霍普金斯[1]——富兰克林·德拉诺·罗斯福强烈支持美国参战的顾问，给希区柯克发了一封电报；约瑟夫·戈培尔[2]公开表达了他对这部影片的赞赏，称它是一部宣传的杰作。

史蒂芬·费舍尔的政治理念和死亡是否为了达到这种宣传的效果？或许是的，但是为了宣传什么呢？误入歧途的敌人人性化的一面肯定不是常用的宣传手段。然而，倘若换个角度来看，问题不是我们在跟谁作战（或尚未开始作战），而是我们在跟什么作战，那么敌人的想法显然就是一个值得探究的问题。我们需要知道，如果他们的想法确实不同于我们的，它们是如何的不同？而要是他们的想法跟我们没有本质差异，相近的念头为何会得出如此不同的结论？希区柯克拒绝把德国人纳粹妖魔化，部分是因为他认为妖魔化这种行为，即便是出于民主的目的，也是一种不民主的行为。当然，一个导演还可以基于很多原因让他的影片为敌人所用；但对希区柯克来说，这绝不是一个无足轻重的理由。

---

1 哈里·霍普金斯（Harry Lloyd Hopkins, 1890—1946），美国政治家，民主党人，曾任美国商务部长。他是美国总统富兰克林·罗斯福的顾问之一，有"影子总统"之称。
2 约瑟夫·戈培尔（Paul Joseph Goebbels, 1897—1945），纳粹德国时期的国民教育与宣传部部长。

4 人民公敌

时机尚未成熟

希区柯克开始拍摄下一部与战争有关的影片时，美国已经加入了战局——正如片名所预示的，战火已经蔓延到了美国。希区柯克得以用银幕外的真实事件为银幕上的故事增添几分戏剧色彩；他在《海角擒凶》（*Saboteur*，1942年）里插入了一段被烧毁的法国游轮"诺曼底号"的纪实镜头。1939年，就在德国入侵波兰后，这艘船停靠在了纽约，后被美国羁押。1942年，"诺曼底号"本要被改作运兵船，中途却着了火，倾覆在哈德逊河中。虽然官方调查的结论是一起偶然事件，舆论却普遍怀疑有人纵火。在影片里，我们先是看到出租车里不怀好意的破坏者，随后镜头切换到了半倾的船体，接着又是那个男人，一脸狡猾、自得、骄傲的表情。希区柯克自称遇到了不少麻烦，因为这个镜头暗示海军的安保工作过于糟糕。但我们或许可以这样看待这一幕：在希区柯克看来，生活本身就缺乏安全保障，拍电影这行无疑也是如此。

罗伯特·卡明斯扮演的是一个名叫巴里·凯恩的角色，他被错误地指认为一个阴谋破坏者，凭借一己之力穿越美国追踪真正的敌方间谍，一个"不介意为了钱杀掉美国人"的男人。这场追逐最终来到了纽约，情节中穿插了倾覆的游轮的画面，最后一场戏是在自由女神像上拍的，坏人从她的前额上掉下去摔死了。

影片里有两场戏着实让人印象深刻。第一幕也许并非有意为之，第二幕则确实地反映了希区柯克精益求精的艺术追求。凯恩闯进了纽约的一个上流社会派对，撞见了他在追踪路上已经遇到过的一个邪恶角色：查尔斯·托宾，由奥托克·鲁格饰演的富裕农场主。他的表演相当出色，他特别擅长扮演这类高高在上的人物。凯恩指责托宾是一个法西斯主义者（并非毫无道理，因为托宾说他"反对投票制度"），这会儿他又在谈论"愚蠢的庸众"和"集权主义国家的权力"。而凯恩能想到的最佳对策就是大谈特谈"爱比恨更好"。我不认为凯恩的本意是要让自己看上去不敌托宾，但他确实在不断地败下阵来。这里有一幕拍得相当精彩：托宾自在地倚在一张长沙发上，双臂张开搭着靠背，后面的墙上挂着两幅贵妇的肖像画。当情况变得棘手时，他还会在这里吗？他说，"这个季节的哈瓦那[1]很没意

---

[1] 哈瓦那，是古巴共和国的首都及最大城市，全国经济、文化中心。

思。"面对这样的敌人,你需要一大堆朋友,几句鼓吹民主的标语可解决不了问题。

在第二个场景里,凯恩正要打断这场社交聚会,他要告诉在场的人这里有一个纳粹的支持者,摄像机扫过这群富有阶层。他们都是美国人;这里是1942年左右的纽约。这样的事实本该让我们安心,而实际情况却并非如此。有那么一会儿,我们为凯恩的处境感到担忧,我们担心他的话会引起什么样的反应,我们意识到自己一直在想的是他会被忽视或被嘲笑。这些人不是纳粹分子,但他们也不会去操心纳粹的问题。接着,摄影机在其中一个发福的身影上多停留了一秒,我们意识到希区柯克是在暗示另一种可能。要是这些听众并非漠不关心呢?假设他们都是纳粹的赞同者,这个宴会厅里站着的都是《三十九级台阶》里那个缺了手指的教授一样的人呢?

《辣手摧花》(*Shadow of a Doubt*)是在战争中期拍摄的,时间在《阴谋破坏》和《怒海孤舟》(*Lifeboat*)之间,战争显然渗入了他(和每个人)的心绪。除了侄女和警察,片中没人察觉到查理叔叔罪恶的一面,希区柯克以此来指涉现实中的战争威胁。在希区柯克的电影里,战争并非频繁遭遇侵略的国家前线。敌人不只是在近处;敌人就在我们中间,我们没能把他们辨认出来,没能认清我们正在与之对抗的人就在身边,这种漫不经心的态度成了我们真正的敌人,从而触发了那些令人不安的问题:我们能否看透这种态度背后的威胁，以及我们能否看透小镇连环杀手和为国家利益而实施的专业杀戮之间的差异。

在拍摄《辣手摧花》的过程中，希区柯克很享受与桑顿·怀尔德[1]的合作。他们都对小镇很感兴趣——我们的和他们的小镇，其本质都是相似的。影片在加州的圣罗萨市取景拍摄，为了构建出这个地方的日常，希区柯克费了不少劲，搭建出一个堪称奢华的场景：公共图书馆、教堂、小镇广场、认识所有当地人的警察。女主角的父亲和兄弟姐妹都是普通得不能再普通的人，或者可以这样说，他们简直就等同于我们心中的普通人的形象，他们完全被符号化了。

不过影片的开场并不在圣罗萨[2]。我们可以从影片中的一条河、一片破旧的工业区和普拉斯基高架路，认出这里是新泽西的纽瓦克。一个男人躺在一间出租屋里，整齐地穿着一套细条纹西装，成堆的钞票散落在床头柜和地板上。他看起来并不累，但他对房东太太说话的语气里有一种阴森的礼貌，像是一个有自杀倾向的人。他被怀疑是那个人称"快乐寡妇杀手"的连环凶手，两名警探正在门外守着。假如他真的是个杀人犯，这笔钱就是某个寡妇的财产，而他那种杀人后的阴郁情绪暗示着谋杀并非一件乐事。

---

[1] 桑顿·怀尔德（Thornton Wilder, 1897—1975），美国小说家，剧作家，曾三度获得普利策奖，代表作有《我们的小镇》《圣路易莱之桥》等。
[2] 圣罗萨是哥伦比亚的城镇，位于该国西南部考卡省，距离波帕扬 270 公里。

这个男人被简单地称作"查理叔叔"(约瑟夫·科顿饰)。

镜头转到了圣罗萨,他的侄女,"查理"·纽顿(特蕾莎·怀特饰)也死气沉沉地躺在床上,沉浸在青春期的无聊里。希区柯克用视觉语言把这种无聊和她叔叔的厌世情绪联系在了一起。当他到西海岸来探访家人时,我们得到了一种强烈的暗示,把这两个人看成是一派的。他们都叫查理,在侄女的想象里,他们不仅性格相近,而且志趣相投。然而这种表面的亲近之下隐藏着巨大的分歧。她对他说,在他们第一次谈话的时候,她就完全看透了他,他的生活里隐藏着某种"秘密的、了不起的"东西。而他只是没好气地回应道,"知道太多对你没有好处,查理。"

查理叔叔是"快乐寡妇杀手"的可能性相当大,但警察还有另外一个怀疑对象。任何悬念都要遵循这样一条规则:这个怀疑可能完全正确,也可能错得离谱;无论哪种情况,都能讲出一个好故事。而每种怀疑,哪怕是正确的怀疑,都会有一个站不住脚的环节,一个不确定的可能。那就是它之所以只是一个"怀疑"的原因。

在《辣手摧花》里,我们看到的是一个被倒置的有关怀疑的故事。渐渐地,年轻的查理确实知道得太多了,她从"快乐寡妇杀手"的新闻报道和查理叔叔可疑的举止里看出了端倪,她的怀疑变成了确信。然而,就算到了这里,希区柯克还是堪称示范性地坚持不下定论。

查理叔叔的身影不断出现在家里的楼梯上,仿佛一个表现主义风格的恶人——但这就是把他当成杀人凶手的原因吗?最有趣的是,我们听到了弗朗兹·莱哈尔[1]的"快乐寡妇圆舞曲"的背景音乐,曲子里添加了太多的长号,听起来不太在调上,一群身着世纪之交风格晚装的舞者在一个舞厅里不断地旋转。在片头出字幕的时候,我们听到过这首曲子,看到过这幅画面,随后,在查理叔叔担心其他人是否看出了点什么的时候,在全家人用晚餐的时候,以及年轻的查理最终在图书馆里推断出她叔叔的罪行的时候,它们又一再出现。影片里没有一个角色看到或听到过这幅画面和声音的组合,甚至在想象里也没有——这是导演有意的安排。他们至多是在哼哼这个调子,或意识到这首曲子和"快乐寡妇"在名称上的关联。除了我们——也就是观众,没人享受到这份管弦乐队和时代舞会的待遇。我想不到希区柯克还在他的哪部片子里营造过类似这样的效果。它像是在说"快乐寡妇杀手"就在这儿呢,明摆着就是这个人,他都把一个小歌舞团拽进影片里来给他伴奏了。要不就是年轻的查理的怀疑太过强烈,导致了同样的效果。然而,严格来说,所有这些声画在表达的是导演决心要用一幅装扮好的插画来向我们呈现报纸上的报道。这真的是在泄密吗?或者只是更多的流言?

无论我们心中存有什么样的疑问,当我们两次看到查

---

1 弗朗兹·莱哈尔(Franz Lehar, 1870—1948),奥匈帝国作曲家。

理叔叔想要谋杀自己的侄女时,他的罪行已经确凿无疑了。第一次,他弄松了她要走下的楼梯台阶;第二次,他把她锁在一个满是废气的车库里。随后,在《辣手摧花》的最后一幕,我们看到了又一次明显的尝试,火车正要驶出站台,两个查理扭打了起来,车门被猛地撞开。显然他想要干掉她。这是他第三次尝试下手了,这次他解释了原因:她知道的太多了。两人继续纠缠,接着叔叔说了一句,"还不到时候,查理。"好像时机是由她说了算的。他们又打斗了一阵,接着叔叔说:"就是现在。"说完他从火车上摔了出去,落在另一条轨道上。我们的印象被扭转了吗?他肯定是在试图谋杀年轻的查理,但或许他改变了主意。他是在等待火车加速,好让自己找准时机被推出去摔死吗?也许不是那样。然而,在所有的故事里,"也许"都只是其中的一部分。

年轻的查理对她叔叔的怀疑意味着她不会帮助他,或是把他藏起来,但她对他的感情又决定了她不会把他交给警察或采取其他行动,她只会劝说他离开这个小镇。她知道他会在其他地方被捕,但至少这家人就不用面对堵在门口的记者了。在这个小镇和其他家人的眼里,查理叔叔是一个毫无瑕疵的恩人,一个善于社交的男人,在妇女俱乐部发表演说,把他的钱存进当地银行,为各类慈善项目捐款。正因如此,看到他要离开,小镇的居民们表现得如此难过,希望他很快就会回来,并对他说,"我们感觉你是我们中的一员。"

钢铁之躯

希区柯克总是对"我们"是谁这个问题很感兴趣——他知道这个代词可以指代任何团体,他们中的很多人都确信自己所属的群体是最棒的一类人。在他的下一部战时电影《怒海孤舟》(*Lifeboat*,1944年)里,希区柯克探究了"美国社会"这个概念。他用少见的真诚语气说,这部片子是"战争的一个缩影"。

影片的开场堪称节省经费的绝妙样板,用简单的方式营造出震撼的效果。我们看到的并非一艘船,而是一艘船的烟囱。字幕出现,然后消失。烟囱斜向一边,火焰夹着烟雾从里头蹿出来,烟囱翻倒在水里,沉了下去。镜头里只剩下海水,泛着泡沫,打着漩涡,水花四溅,像是在威胁着要吞没摄影机。这片大海才是影片真正的主角。一艘载了乘客的美国货轮遭到鱼雷袭击,好几个生还者设法爬上了救生艇。从某种角度来看,这些人确实构成了一个简略版的"美国"的缩影:迷人的女记者,有社会主义倾向的工人阶层,在家时喜欢去跳舞的男人,不知道自己心安理得地赚了多少的有钱人,处于一段婚外恋中的绝望的女人,用来增加多样性的非洲裔美国人,怯懦的加拿大人

（口音像是英国人）——他的存在只是为了加入一个异国角色。演员们尽其所能地表演着陈腔滥调的情节。塔鲁拉赫·班克黑德的表演尤为突出，看上去既风趣又威严。卡纳达·李赋予了这个黑人角色真正的尊严，即使他的职责只是背诵《圣经·旧约·诗篇》第二十三篇[1]，除他以外，没人记得这一章的内容，也唯有他还相信天堂，无论哪一种，其他人都已丧失了自己的信仰。

  影片少有的几个表现出冲突与张力的场景都集中在那个坐上救生艇的德国幸存者和其他人对他的反应上。他是一个相当有城府的角色，假装自己不会说英语；他声称自己是一名船员，而他的真实身份是一名潜艇舰长，身上藏有一个指南针，帮助他把船开往错误的方向，他还有一袋藏起来的淡水，他选择不与干渴恐慌的同船人分享。他还杀了一个病弱的同船人，因为这个人对其他人毫无用处了。大体而言，这是一个讨人喜欢的家伙，脸上一直挂着微笑，不时哼着小调。沃尔特·斯勒扎克的表演相当出色。他赋予这个角色的自信和镇定与《海外特派员》及《海角擒凶》里的纳粹形象并非全无相似之处，但谁都看得出来，斯勒扎克是一个胖乎乎、笑嘻嘻的坏家伙，因而影片传递的是一条明确的信息：当牵涉德国人的时候，哪怕是在战时，所有那些尊重他人权益的自由主义的言论也得被暂时搁置

---

1 《诗篇》23篇是大卫所作的诗，因其真挚的感情和深邃的思想被喻为"诗篇中的明珠"。内容表现为诗人对上帝的感恩、顺从、倚靠。

一边——你就是不能相信德国人。在影片的最后,随着另一艘船上的一名德国生还者的到来,这个论点得以被充分地证实。他还是个孩子,但他立刻抽出一把枪来对准了这群人,他们不得不缴了他的械。影片以他的一句提问结束:"你们不打算杀了我吗?"

为什么不呢?他们刚刚才把潜艇舰长干掉了。他们终于醒悟过来,意识到了他的全盘诡计。其中有几个人感觉很糟糕,因为他们知道自己不再是美国的缩影了,而是成了一伙暴徒。但这个法律和道德的难题都无法改变"德国人永远不值得信任"的论题。先不信任他们,再决定该拿他们怎么办。在希区柯克的所有影片里,可能只有这一部是在追求简单的、具有广泛意义上的正当性的悬念。它创造的是一个集体性的悬念,针对敌人最直白、最沙文主义[1]的一面,而它也最终被证实是正确的。

因此,当我们意识到早期对《怒海孤舟》的评论都把它看成一部庆贺纳粹力量与意志的影片时,不免让人更生疑窦,而这或许也是这部片子在影史上最有趣的地方。《纽约时报》影评人鲍斯雷·克罗瑟表达了自己的担忧,因为:

> 在这艘"救生艇"上,做事最有效率、最随机应变的人

---

[1] 沙文主义,产生于18世纪末,19世纪初的法国,因法国士兵沙文(Nicolas Chauvin)狂热拥护拿破仑一世的侵略扩张政策,主张用暴力建立法兰西帝国而得名。它鼓吹民族利益高于一切,煽动民族仇恨。在帝国主义时代,沙文主义是侵略和压迫其他国家和民族的意思。

是个纳粹,一个"有计划"的男人。总体而言,他也不是一个令人厌恶或招人反感的人……(他)十分狡猾,有时还很残忍,没错,可他务实、有心计。整体而言,他无畏地怀抱着孤独的信念。假设他是一个美国人,他的某些小心设下的骗局甚至称得上是机智勇敢的。

"某些",但那些杀戮和从未停止的冷血算计呢?有一点是肯定的,斯勒扎克的角色被干掉以后,救生艇上的幸存者都感到一丝失落;他们认为斯勒扎克是他们的"力量";他们一直把他当成领头人,却不曾意识到自己一直在屈从于他。塔鲁拉·班克赫德有一句台词,"他是钢铁做的,我们其他人不过是血肉之躯。"但是从什么时候开始,我们希望自己变成钢铁之躯呢?在这一刻,这个故事似乎是在不合时宜地隐喻纳粹准则的胜利,而克罗瑟的话似乎是在赞同自己反对的东西。这个观点与比尔·柯荣[1]在《工作中的希区柯克》(*Hitchcock at Work*)中提出的看法有着直接的联系。1944 年,希区柯克与本·赫克特[2]着手拍摄《美人计》(*Notorious*),他们想要告诉观众的是"纳粹并非成为过去"。到了 1946 年影片上映时,这种想法变得更加强烈了。纳粹从不曾成为过去,在如今这个世代或许更是如此。然而,这部影片想要表达的不仅是这个宽泛的

---

[1] 比尔·柯荣(Bill Krohn,?)电影导演、编剧及制片人。
[2] 本·赫克特(Ben Hecht, 1894—1964),美国作家,电影《美人计》的编剧。

概念，它要讨论的观点还要更深刻——所有这些战时影片都是如此。它想要表达的是，你虽然不是纳粹，但你有可能会像纳粹一样考虑问题：过分强调效率和力量，鄙视其他人，鼓吹纯粹血统，憎恶混血，深信残忍和决心是至高无上的美德。

1943年底和1944年初，希区柯克都待在英国韦林花园城的摄影棚里，拍摄两部三卷胶片（three-reeler）[1]的影片，由一家名叫凤凰·伦敦的公司（相当合宜的名字）[2]制作，其背后的出资人是英国情报局。这些片子是为了支持法国救国运动[3]而拍摄的，当时的法兰西正处于战败的废墟之中。影片的对白都是法语，出演的大部分都是法国演员，剧本是从英语翻译过去的（编剧是昂格斯·麦克法莱尔和J.O.C. 奥拓）。语言的转译造成了意想不到的效果，其中有一处在希区柯克影片的语境里尤其能唤起观者的共鸣。在《一路顺风》（*Bon Voyage*）这部片子里，"自由法国"的指挥官在听取一名苏格兰飞行员的行动汇报，后者刚从被占领的法国逃出来。他问指挥官怎么能知道那么多发生在海峡对面的事情。他说自己很有智慧，意思是

---

[1] 一卷标准35毫米影片胶卷的时长大约为11分钟，在无声电影时代约为15分钟。
[2] "凤凰"暗示被占领后的法国将浴火重生。
[3] 1940年6月14日，法国首都巴黎被德军攻陷。法国国内投降派上台，已无法抵抗外来侵略者，法国总统戴高乐决定离开法国，奔赴英国发起救国运动。他通过英国广播公司（BBC）发表了《告法国人民书》，并发起"自由法国运动"，号召法国人民继续开展反德国法西斯斗争。

他有着良好的情报渠道,不过显然希区柯克并不想特别指出这两种说法的差异。"有智慧"和"有情报"都是内涵复杂的说法:关于你知道些什么,以及你会如何利用自己知道的信息。

《一路顺风》回顾了这名飞行员的逃脱,以及他向这位身在英国的法国指挥官重述这件事的过程。法国指挥官不断地纠正飞行员的叙述,我们随之不断地看到一些假设性的闪回镜头,如果那名飞行员了解到事情的另一面,他就会产生不同的看法。原来帮助他逃到英国的波兰人是一个德国间谍。他的任务是渗透进抵抗组织里,他对这个苏格兰人的(真心)帮助是掩护,为了让法国人卸下防备。此前他还干掉了另一个德国间谍,也是出于同样的目的:为了获取信任,他什么都干得出来。在一个虚假的世界里,真相同样行得通,甚至比一个站不住脚的谎言来得更加有效。

就双面间谍这个题材的影片来说,《一路顺风》显得有些拙劣;《马达加斯加历险记》(*Aventure Malgache*)的制作更精良,情节也更复杂。一群法国演员在伦敦的剧院里准备登台。其中一名叫保罗·克劳斯的人曾在马达加斯加当过律师,他决心要帮助另一个演员准备他的演出,于是向他讲述了自己知道的一个恶棍的故事。这个坏蛋名叫让·米歇尔,跟保罗的同伴要扮演的角色十分相似。克劳斯在岛上组织抵抗运动；米歇尔是维希政权[1]的警察局长。影片透过克劳斯详细的讲述展现了米歇尔的样子，气急败坏地持续追踪着反对分子，从下属口中榨取各种情报，还有他对克劳斯的恨意。他说自己为了得到证据不惜任何代价。这样的行为看似合乎情理，但在希区柯克的影片里，它清楚地标志着这个人献身的是错误的一方。米歇尔确实掌握了一些罪证——克劳斯的一个同伴对情妇透露了太多信息，暴露了克劳斯的身份——于是米歇尔把克劳斯送到了一处监禁地。但他还没抵达那里，押送他的船就被一艘英国战舰拦截了下来，克劳斯逃到了英国。

尽管希区柯克热心支持抵抗运动，他也没有贬低敌人的形象。这可不是人们想要看到的东西，这些影片也从未上映过。在故事的结尾，长得很像米歇尔的那个演员太过沉浸在自己的角色里，他指责克劳斯是在攻击他。这是他作为演员开的一个玩笑吗？还是他真的完全认同了这个角色？这个男人喃喃自语，"只是彩排"，可这是真的吗？希区柯克不打算告诉我们答案，就连这个问题本身也成了他要营造氛围的一部分，暗示着真相和谎言是难以言明的交战区域。影片结束了，演员们离开了化妆间，戏开场了。

在一部名为《集中营的记忆》（*Memory of the*

---

[1] 二战期间纳粹德国控制下的法国政府。

Camps)[1] 的影片中，希区柯克的名字也出现了工作人员名单里。他的职务是"脚本顾问"。这是一部由现成素材剪接而成的影片，都是英国、美国和俄国摄影师们在欧洲战场的最后时刻，以及大战刚刚结束时拍摄的。德军于 1945 年 5 月投降；6 月，希区柯克在伦敦参与了摄影风格的讨论。他极力推荐用广角镜头来传递现场感，那样就无需在剪接过程中强行排除或插入历史及地域的元素。他是一个蒙太奇的大师，知道蒙太奇会对未经修饰的真相施加何种效果。

未经修饰的真相几乎让人难以忍受。影片一半的内容都发生在贝尔根-贝尔森集中营[2]，也提及和描述了其他七个集中营：达豪、布痕瓦尔德、埃本塞、毛特豪森、奥尔德鲁夫、沃柏林和奥斯维辛。在讲述大多数集中营的情况时，影片都给出了具体的死亡人数：这里死了三万人，那里三万两千人，这里五万五千人，那里四百万人。画外音告诉我们，那些集中营里"只有污秽和死亡"，画面里除了成堆的白骨几乎没有其他东西。很多还活着的人看上去都像一副骨架。我们看到成堆的瘦骨嶙峋的尸体，或是一具一具被丢进大坑里的尸体，那就是他们共同的坟墓了。有

---

[1]《集中营的记忆》是 1945 年盟军解放集中营时拍下的最原始的影像。旨在跟随英军、美军和苏联军队，拍摄记录片以此来揭发德军在 8 个集中营犯下的暴行。
[2] 贝尔根-贝尔森集中营（Bergen-Belsen），1943 年建立，部分为战俘营，部分为犹太人转运营。安妮·弗兰克在此集中营死于伤寒，她的战时日记后来轰动了全世界。

些画面拍得很美：刺眼的阳光照在一块墓地上，士兵和其他旁观者的身影在边缘处投下阴影。在其中一个镜头里，尸体被堆在一起，像是仓库里的物品，让人想起中世纪的长幅浮雕画，这是一支比死亡更可怖的舞蹈，很像阿伦·雷乃的《夜与雾》（Night and Fog）[1] 中的画面。德国当地的市长和其他领导人被带来观看掩埋的过程，而画外音一再强调着一个观点，即德国人不可能不知道这些集中营的存在，也不可能不知道在集中营里发生了什么，因而影片似乎很难达到它原本的目的：鼓舞德国人民，帮助他们完成战后重建。然而，话又说回来，几乎没有哪部盟军电影能帮助实现这一目标，无论最初的意图如何，这都不是一部为战败国拍摄的影片——尤其不是为德国。

影片的解说词是理查德·科罗斯曼和科林·威尔斯在 1945 年写的，在（很长一段时间以后）上映的版本里，特瑞沃·霍华德[2] 担任了配音的工作。他的声音听起来相当疲累，仿佛被恐惧耗尽了力量，偶尔还透露出几分讥讽之意（"现在党卫军们可不那么干净整洁了"），但归根结底，解说词表现出了更多的思虑而非指控。最后几句话是"不过，蒙主怜悯，我们这些活下来的人会吸取教训。"

影片以一种年代讽刺的手法来组织这些令人不安的视

---

[1] 《夜与雾》由法国导演阿伦·雷乃拍摄的战争历史纪录片，该片揭露了纳粹集中营的暴行。
[2] 特瑞沃·霍华德（Trevor Howard, 1913—1988），英国演员，曾获英国电影和电视艺术学院奖最佳英国男演员奖。

觉元素，搭建起自己的叙事框架。开头是一段民众朝见希特勒的镜头，元首举起前臂，用他标志性的快速机械的动作向群众致意。接着影片迅速回顾了战争的过程，随后切换到了德国的乡村，大片的果园、农场，一派乡间的安详。镜头最后把我们带到了贝尔根-贝尔森。这一幕让我们看到了同一个问题的两面：这些人怎么愿意追求这个男人和他可怕的狂热？这个宁静的地方怎么成为如此多的冤魂屠场？

在这样的语境下，影片中旁白使用的措辞似乎有些怪异，而更怪异的是让-吕克·戈达尔在他的影片《电影史》（*Historie（s）du cinema*）[1] 里收录了这段镜头。《集中营的记忆》告诉我们，德国人希望借由希特勒和纳粹"最终"抵达"一个阳光照耀之地"[2]。戈达尔影片旁白的措辞更加煽情，"要不是乔治·史蒂文斯[3]率先在奥斯维辛和拉文斯布吕克第一次使用了十六毫米彩色胶片拍摄，伊丽莎白·泰勒的欢乐无疑将永远找不到一个阳光照耀之地。[4]"法国

---

[1]《电影史》是戈达尔耗费十年时间制作的一部既非剧情片也非纪录片的巨作。全片共分为八个章节，共 268 分钟，大量引用了电影、绘画、文学、音乐等领域的内容，运用一种开放式的蒙太奇，回避任何叙述手法，是一部由影像自身构成的电影史。
[2] "阳光照耀之地"这个短语被用来指代德国的外交政策和殖民帝国主义，最早可追溯到1897年12月的国会辩论，时任德国外交秘书长的伯恩哈德·冯·比洛说："我们不希望将任何国家置于阴影之下，但我们也要求有属于自己的阳光照耀之地。"
[3] 乔治·史蒂文斯（George Stevens，1904—1975），美国导演，演员，曾两度摘得奥斯卡最佳导演奖。
[4] 1951年，伊丽莎白·泰勒出演了乔治·史蒂文斯执导的《郎心似铁》，该片的英文片名直译"阳光照耀之地"（*A Place in the Sun*）。

哲学家雅克·朗西埃在《图像的未来》（*The Future of the Image*）[1] 中对两者之间看似诡异的联系提出了自己的观点，"因为乔治·史蒂文斯拍下了集中营积极的一面，从而履行了电影图像语言的责任，（泰勒）才得以积极地享受这份快乐。"他的意思是，史蒂文斯在纪录片中表现出来的良知维护了美国梦的完整，因而他才能在日后拍出那部片子。这样的解读遗漏了太多信息，最重要的是，它没能读懂戈达尔小心避开平庸逻辑的尝试。

想要一片阳光照耀之地的德国人成了杀人如麻的刽子手，因为有太多人在阻止他们实现自己的目标，或是让这件事情变得不那么简单。美国人一直在寻找一个阳光照耀之地，他们拍下了集中营的画面，又用同样的彩色电影胶片拍摄这些感伤的影片——这是电影史的一部分。在我看来，在这两部截然不同的影片语境里，"阳光照耀之地"的不同所指预示了人们对于国家抱负的矛盾心理——我们都渴求一个阳光照耀之地吗？还是我们可以轻易地嘲笑这个想法？——对电影本身提出了疑问。我们是在做出审判，还是要成为同谋？我们是否可能既是审判者也是同谋者？无论从哪个角度来看，史蒂文斯在战争末期拍摄的纪录片与他后来拍摄的好莱坞电影之间都毫无因果关系。我

---

[1] 在《图像的未来》一书中，提出了当代艺术中有关图像的新概念，并指出了艺术和政治应当如何相互交织。

们只能这样说，同样的技术可以拍出完全不同风格的作品。

《集中营的记忆》不是一部希区柯克影片。但他在这部片子中的参与却不容忽视，它展现的不只是希区柯克与战时及战后岁月之间的联系。对我而言，影片中让人印象最深的不是尸体、墓地或白骨，尽管这些镜头确实很难忘却。影评人理查德·布罗迪在2014年1月9日版《纽约客》上发表的一篇文章引起了我的注意。这篇名为《希区柯克与大屠杀》（*Hitchcock and the Holocaust*）的文章选用的配图正是我想要举例的镜头：贝尔根-贝尔森营地上的木屋燃烧的画面。烧毁这些木屋是基于卫生方面的考虑，活下来的囚犯中不断有人感染斑疹伤寒，然而，这片熊熊燃烧的火焰不仅是在烧毁一切，它还透露出一股猛烈的、难以掌控的力量，叫嚣着要扫除一切痕迹，这赋予了它们另一层不同的含义。

布罗迪写道："这片火焰……蕴含着一种隐喻的力量——不仅暗示着数百万具被烧毁的尸体，也彰显了针对行凶者近乎神圣的复仇；这种力量让这幅图像跳脱了新闻的范畴，转而进入一种令人恐惧的美学领域。"这张图片在我眼里可没有什么复仇的意味，我更倾向于认为这片火焰是与凶手们站在一边的，并且还以一种诡秘的、令人恐惧的力量在我们的想象里继续燃烧。但我也同意"隐喻的力量"这一说法，我很肯定，要不是我知道希区柯克也参与了这部影片的制作,我是不会有此感受的。我不会把这个镜头归在他的功劳簿上;我不想声称这个镜头和他有着必然的联系。事实上,这个场景很可能在希区柯克加入制作团队前就拍好了。然而希区柯克能够改变我们观看的方式。有时仅仅是"希区柯克"这个名字就会导致这种变化,而我们的头脑会自动完成剩下的工作。在希区柯克的影像世界里,那些坟墓和白骨的镜头没有给人留下多少想象的空间。那些火焰却能够提醒我们,人类生命的踪迹可能会像影片里的贵妇一样就此消失。如果没有了这些踪迹,我们也就没有了历史。

下一次

拍摄《爱德华大夫》(*Spellbound*)时,希区柯克最大的成就是请到了英格丽·褒曼[1]:这个灵动的、富有表现力的、永远专注于表演的演员,总能让摄影机——尤其是希区柯克的摄影机——捕捉到自己最好的一面。在跟萨尔瓦多·达利[2]和格里高利·派克[3]合作时,希区柯克就没那

---

[1] 英格丽·褒曼(Ingrid Bergman, 1915—1982),出生于瑞典,是好莱坞著名的电影演员。1999 年被美国电影学会选为百年来最伟大的女演员第 4 名。
[2] 萨尔瓦多·达利(Salvador Dali, 1904—1989),西班牙超现实主义画家,以探索潜意识的意象著称。
[3] 格里高利·派克(Gregcry Peck, 1916—2003),美国演员,曾获五次奥斯卡奖提名,其代表作有《杀死一只知更鸟》《罗马假日》《百万英镑》等影片。

么好运了。在制片人大卫·塞尔兹尼克眼里,达利显得过于怪异;而派克又把这个诡异的角色演得过于正派,甚至有些木讷。在加里·格兰特的帮助下,《美人计》里的褒曼留下了完美的演出,她的角色和这部影片一起成就了影史上的一段经典。

她扮演的年轻的艾丽西亚是一名间谍的女儿,她的父亲被判犯有出卖美国的罪行。故事发生在 1946 年 4 月的迈阿密。我们的视线跟随一扇打开的门进入了法庭,看到了被告的背影——关于他我们也就看到那么多了。法官问他是否要为自己申诉,他说了一大通毫无悔意的抨击之词,大谈特谈"下一次"会发生什么,他的律师让他安静下来。法官宣布了判决:二十年有期徒刑。一群记者拿着带闪光灯的照相机在法庭外等着艾丽西亚,逼问她对父亲的判决的回应。还有另外两个男人也在等她。他们是联邦调查局的探员,正在寻找新的招募对象。

下一个镜头把我们带到了艾丽西亚的家里,那里正在举办派对,她看起来醉得不轻。我们又看到了一个男人的背影。直到其他客人离开后,我们才看到了他的正面。摄影机绕到了他的前面,我们看到这个人是加里·格兰特,但我们还不知道他来这里的目的。我们也不清楚他为什么同意跟艾丽西亚开车去兜风,这会儿她已经醉得相当厉害了。他表现得相当冷静,却又不断地刺激她,挑衅她开得更快——"我不喜欢嘲笑我的绅士。"她说。当警察过来截停艾丽西亚的车时，情况变得了然。警察要给她开罚单，但格兰特亮出了自己的证件。警察向他敬礼，留下他们走了。这下艾丽西亚也明白了情况：他是个在监视她的联邦调查局探员。对此她的反应可不怎么好，他不得不把她打晕才能送她回家。

事实上他不是在监视她——联邦调查局已经观察了她一阵子，记录显示艾丽西亚并不赞同她父亲效忠的对象，正因如此，当局认为她或许会愿意为他们做事。德夫林探员是要招募她到里约热内卢去完成一项工作，潜入一张纳粹情报网。稍后我们得知这是"一个建造德国战争武器的企业"的分支，他们"希望在战后继续这项工作"。（格兰特必须努力压制自己的魅力，才能衬得上分配给他的台词。）德夫林说："我要交给你一项任务……你可以稍稍弥补你爸爸的特立独行。"她问他为什么要那样做，他的回答是爱国之情。她说这个词让她心痛，还补充了几条爱国主义在现实中会有的残酷定义，即使它们是正确的定义。然而德夫林随即放了一段录音，是她跟父亲的谈话，她说，"我爱这个国家，你能理解吗？"啊！是的，那样的爱国情绪。于是，她接受了这项任务。

到了里约，艾丽西亚和德夫林一起度过了些时日，等着确认她的任务细节。两人坠入爱河，她毫不掩饰自己的爱意，而他却一副有所保留的样子。这里引入了个人经历的元素，或者可以称之为从一段经历逃向另一段的机会。

艾丽西亚爱德夫林，但她更爱这个重新开始的机会，一段改头换面的人生，从她近年来只有酗酒和恋爱的生活里逃离的机会。这是个什么样的机会？德夫林不清楚自己能否信任她，不确信她是否真的会改头换面，然而，还有两个不那么迷人的原因构成的悬念：他的工作和他对漂亮女人的恐惧。当他得知艾丽西亚的任务后，他吓坏了，想要让她置身事外。原来她要接受一个过去的求爱者，那人是她父亲的朋友，也是这家公司的重要人员。德夫林的做法使他的上司震怒，他可没时间考虑德夫林的担心。然而，当他再次见到艾丽西亚时，他什么都没说，任她以为自己对此丝毫没有异议，他一点都不在意（至少是没那么在意）她要跟谁交往，或是她要去做什么。在这一幕里，两名演员出色的表演令人心碎：格兰特没有表现出丝毫的柔情，反倒有点尴尬，甚至有些轻微的怒意；褒曼开着尖刻、脆弱的玩笑，可她的内心却是一派凄楚——她确信他的态度是因为他不相信她，不相信她能摆脱过去的自己。

没过多久，希区柯克就为她的痛苦找到了一幅再合适不过的银幕画面。艾丽西亚又回到了她的前任追求者阿历克斯·塞巴斯蒂安身边，在一个镜头里，她和德夫林计划去偷塞巴斯蒂安的酒窖钥匙，里面储存着这个机构宝贵的铀矿石，两人必须假装亲吻对方，让人以为他们是一对爱侣，以此躲开追踪。他们不得不假装表现出一副深爱彼此的样子。而事实上，尽管他们不再信任彼此的感受，并为此感到焦虑不安，在他们表面的职业行动掩盖之下，他们依然爱着对方。我们不可能不记得之前看到过的那些温柔缠绵的亲吻，现在我们也无法相信正在发生的这个吻居然是假的。就算是本该被他们蒙骗的塞巴斯蒂安都知道这是真的。德夫林和艾丽西亚肯定也有同样的感受，哪怕他们不能确定彼此的心意——他需要克服很多疑问，她则要面对更多绝望。在这一幕意为欺骗的场景里却无人受骗，这完全就是希区柯克的风格，也是他对那个未曾言明的浮夸的帝国让人印象最深的一次致意。哪怕他们表现的是真实的自己，他们依然是在表演。或者只有几分伪装才能让它们成真。

扮演塞巴斯蒂安的是克劳德·雷恩。他的表演如此优雅和善，我们几乎要忘了他是个纳粹分子的事实，也没法相信他怎么会是这样一个人。在影片的最后，因为他和艾丽西亚的关系，也因为她传递给联邦调查局的情报，他被自己的同事处死了，我们忍不住要为他哀悼——即使他一直都在给艾丽西亚下毒，而她也已经濒临死亡。好吧，也许我们并不是在哀悼，但眼看着他回到自己的家里迎接死亡，我们还是感到一阵短暂的惋惜。他太讨人喜欢了，太谦和了，我们没法不为他感到难过。而且他是真的爱艾丽西亚，即使他要杀了她。

我们还有另外一个为他感到难过的理由：他专横威严

的母亲。克劳德·雷恩出生在英国，1939年加入了美国国籍；但因为他在《卡萨布兰卡》（*Casablanca*）[1]里的角色，我们倾向于把他看成法国人。然而，除了塞巴斯蒂安的母亲，《美人计》里没有任何一处指涉他国籍的线索。在片中扮演母亲的是里奥博丁·康斯坦丁，她塑造了一个强硬的普鲁士暴君形象——这个母亲是在摩拉维亚[2]出生的，当时那里还是奥匈帝国的一部分。虽然她的表演有些夸张，也像是在暗示观众，跟盟军出身更高雅的敌人相比，纳粹不过是些流氓混混。看到他被困在这个可怕的妇人和英格丽·褒曼扮演的艾丽西亚之间，我们只能对他表示赞赏，居然有胆量对后者表现出兴趣。康斯坦丁不是纳粹，也不是普鲁士人，她只是一个出色的演员，在需要她塑造一个"怪物"（这是她的原话）的时候，能够完美地胜任这个角色。

影片的最后一个镜头是一扇关上的门，我们看着塞巴斯蒂安走进屋子去迎接他的死期。我们没能看到艾丽西亚和德夫林在最后关头的拥抱，没人向我们保证她能活下来，毒药已经让她奄奄一息了。我们可以自行想象接下来发生的事情，大部分人都会那样做的。在我看来，我们肯定会想到的是，现在她相信他是爱她的了，也能相信自己是爱

---

[1] 《卡萨布兰卡》讲述了一段发生在二战时期的爱情故事，由克劳德·雷恩、英格丽·褒曼、亨弗莱·鲍嘉主演。该片在第16届奥斯卡颁奖礼上获得了最佳影片、最佳导演、最佳剧本三项奖项。
[2] 摩拉维亚在捷克东部地区，得名于起源该区的摩拉瓦河。

他的，他不用再担心她会故态复萌，再去酗酒，轻视生命。为了把故事补充完整，我们还得想想艾丽西亚早先听说她父亲在狱中服毒自杀时说的话——那一幕也是在影射她自己将要被下毒。"我记得他曾是一个好人……"她说，"非常好的人。"接着，她说自己感到一阵怪异的解脱。"现在我不用再恨他了，也不用再恨我自己了。"我们也许可以利用戈达尔[1]的反逻辑理论来解释其中的暗示：要是艾丽西亚和德夫林不能一起克服她的过去和他的恐惧，纳粹就会赢得胜利，而且不只是在影片里。

---

[1] 让-吕克·戈尔达的电影通常被视为挑战和抗衡好莱坞电影的拍摄手法和叙事风格。他的非逻辑理论表现在音画分离、跳跃剪辑和负片手段等，其背后是他将自己的政治思想和对电影发展史的丰富知识注入电影中。

5 变幻的光影

新的世界

比尔·柯荣在《工作中的希区柯克》里写道,希区柯克在拍摄《火车怪客》的第一天,"就向演员和剧组宣布,此前他拍过的所有片子都不算数了——今天是他电影生涯的新开端。"十六年后,他会告诉特吕弗——"《房客》是第一部真正意义上的'希区柯克'电影"。他还在另外一个场合说过,"我认为你们会发现,《擒凶记》是我职业生涯中真正意义上的起点"——他指的是 1956 年的那个版本。[1] 他当然有权改变自己的想法,但这几种说法也许都是对的。他可以在拍了第一部"真正意义上"有他风格的电影以后,再用另一部影片去开始他的职业生涯。他可以用一部影片来开启他在美国的电影事业,他把自己迁居美国后做过的所有尝试都注入到这

---

[1] 《擒凶记》共有两个版本,分别是 1934 年和 1956 年版,是希区柯克唯一一部重制的作品。希区柯克认为 1934 年版的太"业余",而 1956 年的才是"专业"的。

部影片里，让它们清楚且集中地表现出来。此时距离他加入美国国籍还有四年的时间。

也许可以这样说，他一直在尝试的是在美国拍美国片，这区别于他过去拍的那些英国片；他在战时拍摄的几部片子都展现出了别样的能量和关注重点，现在他试图把这些特点延续到自己在和平年代的创作。《凄艳断肠花》(The paradine Case) 和《欲海惊魂》都是奉命之作，在任何一方面都没能为他提供真正的进步空间，至于《风流夜合花》(under Capricorn)[1]，希区柯克认为那是自己为了签下英格丽·褒曼而犯的一个错误。《夺魂索》(Rope) 则有些不同：它运用复杂的技术实验，赋予那些纳粹相关的理论以新的哲理和见解。

在《辣手摧花》里，我们看到的查理叔叔是一个并不确凿的法西斯分子，对着他的侄女滔滔不绝地谈论着大段大段伪尼采哲学[2]的废话，说他认为谁适合活下去，谁又不适合。"整个世界对我来说就是一个笑话，"他说，但那些有钱男人的"愚蠢太太们"是他的主要关注对象，尽管是轻蔑的关注。"这些没用的女人……浑身散发着铜臭味，炫耀着她们的珠宝，除此以外，她们什么都不是。"年轻的查理抗议说她们是人，对此她叔叔的回答是，"她们是人

---

[1] 又名：《历劫佳人》。
[2] 尼采被奉为纳粹思想的奠基人，但也有人持异议。这里指查理对尼采思想只是一知半解。

吗？还是肥胖的、哼哧哼哧的动物，嗯？"她们可能既是这样的生物，同时又是人类，但查理叔叔对她们的蔑视无须赘述。[1] 他的行为不像是基于某些道德准则，去清除这些用宝石装饰自己的有钱人。还是说，他就是那样打算的？这段话到底是要说明什么？我以为这些看似直白的言论实际指向的是一种杀戮的欲望，尽管这种欲望背后还隐藏着其他的理由，而这些理由又总是跟钱脱不了干系。

查理叔叔躲躲闪闪的观点在《夺魂索》里成了明言的动机，影片中戏剧冲突最薄弱的地方都是针对人类谋杀行为没有结果的争论，而这也是此片子最有意思的地方。事实上，这部片子没有展现出强烈戏剧冲突的时刻，因为它的主要内容都是围绕一个场景，而非一个完整的故事展开的——它给我们的印象更像是在绕着一个装置艺术[2]走动。这部分是由希区柯克的技术实验导致的。我们都知道，整部片子都是用四到十分钟的长镜头拍的，转场的部分还被巧妙地加以掩饰，试图掩盖剪接的痕迹。但更主要的原因是希区柯克从帕特里克·汉密尔顿[3]的舞台剧中借鉴来的故事结构。这出舞台剧是根据一起骇人听闻的真实案件改

---

[1] 这里的蔑视体现出尼采的"超人哲学"，即只有超人才是历史的主宰者，平常人只是超人实现其意志的工具。
[2] 装置艺术，是指艺术家在特定的时空环境里，将人类日常生活中的已消费或未消费过的物质文化实体进行艺术性地有效选择、利用、改造、组合，以此演绎出新的展示个体或群体丰富的精神文化意蕴的艺术形态。
[3] 帕特里克·汉密尔顿（Patrick Hamilton, 1904—1962），是英国剧作家和小说家。他的作品表达了对穷人的强烈同情，以及狄更斯式的叙事方法和黑色幽默。其中的一部《夺魂索》后来被希区柯克改编成电影。

编的：内森·里奥波德和理查德·娄波是两个富有的年轻人，他们谋杀了一个孩子，只为了证明自己能够杀人。在希区柯克的影片里，他们的身份被设置成了大学生，受害人则是他们的一个朋友。影片声称两人这样做是为了实践他们老师的理论，但驱使他们的显然还有其他不那么正当的冲动。"我们是为了追求危险而杀人，"其中一个人说，"为杀人而杀人。我们是活生生的人。"稍后他又说，他们是"从艺术的角度"去看待谋杀行为的。

影片的第一个镜头是纽约的一条街道，汽车开过，孩子们在穿马路。我们看到一幢公寓，它的落地窗都被窗帘遮住了。我们听到一声喘息，镜头带领我们进入了掩在窗帘后面的房间。两个年轻男人，布兰登（约翰·达尔饰）和菲利普（法利·格兰杰饰），刚刚勒死了第三个人——也许是菲利普勒死了这个人，布兰登在旁边不断地鼓励和协助他。菲利普一副筋疲力尽的样子，布兰登则显得相当兴奋。在这个镜头里，希区柯克暗示了高潮过后的余韵，而大多数评论家也都注意到了这点。"我感到特别兴奋。"过了一会儿，布兰登平静地说。这就是影片里最后一个真正让人兴奋的镜头了；从这里开始，一切都变得像是一出情景剧。

布兰登和菲利普把尸体藏进一个长柜子，之后它一直待在那里，直到影片结束。他们举办了一次自助晚餐会，食物就被放在这个柜子而非餐桌上，布兰登认为这个秘密在场的受害人能给这个晚上加点料。然而，真正享用了这个秘密的只有布兰登自己。来参加晚宴的客人是受害人的双亲和未婚妻，还有另一个同学，他是这名未婚妻的前男友，还有那个理论上该为这一切负责的老师——一个名叫鲁伯特的男人。扮演这个角色的是温文尔雅、巧言善辩的詹姆斯·斯图尔特，他的扮相确实有几分邪气，但也不像一个费心伪装出一副善良表象的反面角色。鲁伯特在课堂上宣称，"对大多数人而言，谋杀都是一种罪行，但对少数人来说，它却是一项特权。"然而影片最后证实了他并非恶人，只是有一些危险的想法。

鲁伯特用了一整场戏去阐释他的理论，为什么高等的人有权杀害那些明显比不上他们的人。"想想看，那会解决多少问题，"他说，继而补充道，"谋杀是一种艺术，或者说它应该是一种艺术——也许算不上是'活的七种'（艺术）[1]，不过……"，他的话没有多少说服力，却有一种黑色幽默的味道。那个被杀害的男孩父亲表示抗议；他一点都不喜欢这种类型的谈话。在影片的结尾处，鲁伯特已经意识到了布兰登和菲利普的所作所为，正准备要揭发他们——这时我们听到逐渐接近的警笛声——这时鲁伯特的口吻也变得像是一个保守的好人，一个人道主义者，坚定地拥护哪怕是最低微的群体权利。"你竟然会这样理解我说

---

[1] 此处是指 1957 年哥伦比亚广播公司制作的 11 集系列电视片《七种活的艺术》（*The Seven Lively Arts*），取名自文化评论家吉尔伯特·赛尔德斯的同名著作。

过的话，这是我从没想到过的。"他是这样对布兰登说的，但这是一种自我欺骗。布兰登并没有赋予这些话全新的理解；他只是把这些言论付诸了实践。

在这整个过程中，那具尸体始终在场。我们和两个凶手都清楚这点，而其他人直到最后才明白过来。我们知道这个秘密，它成了我们唯一会去考虑的事情，看到那些有柜子出现的镜头，我们几乎难以忍受这个真相，甚至希望自己根本不知道这件事。让我们感到害怕的并不是这具尸体会被发现，凶手们会被揭露。要不是这两个凶手的态度，我们本有可能对他们产生认同感的。菲利普一直在不停地抽搐和恐慌，布兰登则摆出一副盛气凌人又乐在其中的样子，他把整件事都看成自己的胜利，把它当做一个笑话。而我们不忍看到受害人的父母或未婚妻发现我们已知的真相。那具近在咫尺的尸体仿佛在暗示我们与暴力和死亡是如此接近，将我们与其分隔开来的只有偶然。哪怕在世外桃源的古老传说里也有死亡的踪迹；哪怕在富庶的曼哈顿，此刻桌下也潜伏着死亡的阴影。

如果说鲁伯特的"超人"理论[1]不能让我们感到信服，布兰登声称他有权把杀人的理论付诸实践的言论就更无法说服观众了——"他和我，"他的意思是菲利普和自己，"已经亲历了我和你曾探讨过的事情"——既然如此，针对

---

[1] "超人"理论由哲学家尼采提出，其思想主张精英统治，认可暴力是一种实现目标而不得不采取的手段。后来，尼采的理论被纳粹运用。

他们所作所为的批判为何也显得如此薄弱呢？我以为这是希区柯克坚持呈现的两个主题的变体：纳粹的圆滑和战前英国的自视甚高。他是在暗示，我们对生命的尊重是有偏见的，并非一以贯之的，我们中有很多人并不在意这件事，或假装对此不甚在意，就算我们尊重生命，那也是远远不够的。当言论变成危险的行为，我们需要采取行动，而不只是站在道德的高地上对其进行事后评判。在这样的情境里，谋杀的故事被披上了黑色幽默的外衣，用一种困难的形式提出了一个我们或许无法回答的问题。从《夺魂索》到《火车怪客》，希区柯克的电影艺术在这三年里往前跨了一大步，完成了从有趣的实践到成熟的表演转变；然而从理性的角度来看，这仅仅是一次小小的跨越。

游乐园的再会

奥森·威尔斯[1]习惯把摄影机安置在很低的角度，为他的角色制造出笼罩在光晕中的巨人般形象；希区柯克在拍摄《火车怪客》时并未完全采纳威尔斯的做法。不过他也很少把摄影机拉到与视线平齐的位置；镜头里的人物确实有些朦胧，虽然他们看起来并不庞大，有时候，画面还

---

[1] 奥森·威尔斯（Orson Welles, 1915—1985），电影《公民凯恩》的导演和主演，集演员、导演、编剧、制片人等多种角色于一身的电影天才。

会往一侧倾斜。在布鲁诺·安东尼（罗伯特·沃克尔饰）要杀掉那个女人的一幕里，仰拍视角和广角镜头让他的手臂和双手像是某些恐怖电影里昆虫伸出的死亡触角。影片里也有运用铁门阴影制造出监狱栏杆的视觉效果的场景，还有我们熟悉的华盛顿历史建筑，它们都仿佛脱离了现实的语境，像是只会出现在电影里或明信片上的场景。

比尔·柯荣敏锐地指出，"把布鲁诺安插到华盛顿这个城市，此举暗示了冷战时期对同性恋间谍的恐惧，担心他们会胁迫那些'有机可趁的'政府工作人员出卖国家机密。"然而，对于这些画面，还有一种更简单也更宽泛的解读方式。暗指美国的"华盛顿"被镜头塑造成了一个略微不真实的、相当脆弱的形象，不仅因为它的秘密处在暴露的边缘，还因为哪怕不在冷战时期，它的意图，甚至是不那么强烈的意图，都会导致难以控制的后果，剧烈地撼动着它的稳定。影片中有两个尤其引人注目的镜头，布鲁诺站在杰弗逊纪念堂前的台阶上，宏伟的白色罗马柱映衬着一个微小的、打扮入时的身影。他什么也没做，只是站在那里，这一幕跟之前和之后的情节都没有联系，他只是出现在这个地方。我以为这一幕的他确实是存于情节里的，也就是说导演并不想把他拍成一个幻象。可他起到的作用却像是一个幻象，因为要不是那样，这几个镜头就没有任何意义了。盖伊·海恩斯（法利·格兰杰饰）走路经过的时候，远远地望了一眼纪念堂台阶上的这个小黑点，后来乘出租车原路返回的时候又看到了一次。就是这个黑点对他的志向构成了威胁。他想要放弃网球生涯,投身政界,而他的志向又固化成了纪念堂的形象。他不能忽视这个黑点的存在,也不知道该拿它怎么办,正是这种无能为力搅乱了他的生活。更进一步来看,这些不加修饰的、与叙事无关的精彩镜头也是在陈述同一种无能为力,困扰着纪念堂所指代的美国政府。唐纳德·斯波托认为布洛诺的这个角色是"一个恶意的污点……扰乱了井然有序的一切"。他的观点准确地捕捉到了这一幕要传达的内涵,只是把美国的问题转移给了全世界。

在他为谋杀设置的那个场景里,希区柯克还用了一个真实的地名去营造象征性的效果。这个地方叫梅特卡夫[1],帕特里西亚·海史密斯[2]在原著小说里也提到了这个地名。但她的梅特卡夫位于德克萨斯,我们可以想象得到,它包含了一个小镇所需的所有元素。希区柯克的梅特卡夫则位于纽约皇后区的森林山和华盛顿特区之间的某个地方,坐落在网球和政治之间,就我们所看到的内容而言,这里只有一个火车站、一条郊外的街道、一家音像店和一个游乐场。这个火车站是盖伊下车的地方,他要去见妻子米利亚姆(这时希区柯克出场了,他扮演了一个正要登上火车的

---

[1] 伊利诺伊州的一个村镇。
[2] 帕特里西亚·海史密斯(Patricia Highsmith, 1921—1995),是一位美国侦探小说家。她的第一部作品《火车怪客》一经问世,希区柯克就主动同她取得联系,并将小说改编成了电影。

人，随身的行李是一架低音大提琴），那个音像店是他和米利亚姆争吵的地方，那条街是她生活的地方，游乐场是她被杀害的地方。相当实在的做法；满足了对小镇的所有幻想。到访，婚姻，生活，死亡。

我们都熟悉《火车怪客》的情节。两个男人，其中一个是高排位网球选手，还有一个是富商的儿子，一副被宠坏的、行为不端的样子；他们在火车上相对而坐，就此结识。布鲁诺了解盖伊的一切，包括他和不忠的妻子的关系（她想要拒绝离婚的提议），他和参议员女儿的恋情。布鲁诺给出了一个机巧的提议。在他看来，考虑到阻止我们去谋杀一个人的真正理由并非道德方面的考量，而是审慎行事的难题——我们都害怕被抓住——而杀人犯之所以会被抓住，是因为他们有杀人的动机，因此我们要做的就是交换谋杀，那样就不可能露出马脚。交换谋杀，布鲁诺就是那样说的。布鲁诺可以为盖伊除掉那个碍事的妻子，盖伊则要帮布鲁诺摆脱他憎恨的父亲。盖伊问他，"你这话是什么意思，我的谋杀？"他的态度有些难以捉摸，一副居高临下的样子，假装赞赏他的方案。他在梅特卡夫下了车，深信布鲁诺是个疯子。大多数观众的看法是，既然他没有当面反对这个提议，他就是同意了布鲁诺的阴谋。但是，我们应该看得出来，就算他极力反对这个计划，事情还是会往同样的方向发展。布鲁诺不需要他的赞同，而且就算他需要盖伊的肯定，他也会把反对意见或任何形式的反馈当成继续行事的许可。

布鲁诺真的杀了人,影片剩下的时间里,他都在等着盖伊去完成交换谋杀中他的(并未确认接受的)那部分。盖伊为什么不直接去报警呢?普通人会想到的答案是他自觉有罪,因为他也在期待这桩谋杀,即使他没有亲自动手。如果从希区柯克的角度去思考,或许能得到一个更好的答案:他没去报警,因为他害怕警察,认为他们不会相信他的说辞。他或许是对的。他表现得像一个有罪的人,并不是因为他确实犯了罪,而是因为在想到警察的时候,我们中的很多人都会产生这样的反应。他在音像店和米利亚姆吵架的时候,两人确实发生了激烈的冲突,他也对现在的女友说了,他想要掐死自己的妻子。然而,影片想要表达的不只是我们说的话暗示了内心潜藏的欲望,而我们又会下意识地说出自己想要做的事。盖伊希望米利亚姆消失,但他不一定需要她去死,尽管他嘴上是那么说的;而那套"所言即所想"的理论也是布鲁诺说的,影片并没有直接给出那样的说法——如果这是一部早期的希区柯克电影,也许会那样安排,在他的那些英国电影里,道德的难题不是被间接地宣之于口,就是被内心化了。在他的美国片里,最终大多数角色的死因都是由他们所处的环境所致,这似乎是为了提醒我们事情发展的必然性,并准确地指出希望摆脱一个人和希望这个人死掉之间的差异。

布鲁诺在游乐场杀死米利亚姆的时候,镜头除了把他塑造成一个笼罩在光晕里的带来死亡的昆虫般形象外,还营造出了其他很多不同的效果。他的打火机(实际上是盖伊的打火机,他把它落在了火车上,被布鲁诺捡到了)在米丽亚姆脸上投下了怪异可怖的光晕;她的眼镜掉到了地上,整个过程都是透过其中一块镜片反射的,观众就像是在一面哈哈镜里看着布鲁诺慢慢扼死了米里亚姆。在我看来,此刻的观众不会真的去考虑布鲁诺的精神状态;我们只会把他当成一个精神错乱的变态,就像他表现出来的那样。可是,在稍后参议员家举行派对的那场戏里,他开始阐述他的那套理论,声称每个人都有想要干掉的人,这时他扼住了一位女士的喉咙,他自以为是在开玩笑,可他失去了控制,这时我们对他的看法发生了改变。他看向房间那头参议员的小女儿(由帕特·希区柯克饰演,这是她在父亲的影片里扮演的最重要的角色了)。希区柯克已经为这一刻做了铺垫,在布鲁诺眼里,这个女孩就像是米利亚姆,主要是因为她也戴了一副眼镜。然而,直到这一刻,我们才意识到布鲁诺对自己的罪行并非完全无动于衷。这种外表上的相似让他如临大敌,他陷入了一种恍惚的状态,忘记了自己还抓着那女士的脖子,转而彻底沉浸到自己罪行的回忆里。这时又响起了我们在游乐场那一幕时听到过的背景音乐,那个快要被掐死的女士尖叫起来,布鲁诺恰好失去了知觉,松开了手。

由此可见,哪怕是布鲁诺,这个认为每个人都应该在一生中尝试"一切",每个梦想都应该尽可能被付诸实践的人,在完成了计划中的谋杀后,也难以逃脱这一行为导致的沉重后果;比起对盖伊的(无论是藏在心里的还是诉诸口的)愿望直白的解读,牵涉到盖伊和米里亚姆的问题则更复杂,也更让人胆颤。在希区柯克的影像世界里,对某个角色的心理解读往往指向表面而非深层的理解,也正是出于这一原因,他的镜头才如此撼动人心:内心的想法与行动密切相关,一切都被摆在台面上,无关乎解读,而是即刻的应急反应。如果真相是为了我们而犯下的罪恶,如果它并不是要与我们为敌,那我们又该如何应对?希区柯克想要我们做的不是小心提防自己的愿望,也无需考虑那些无意中泄露的内心隐秘的欲望;他想要我们关注的是某些特定的时刻,我们的愤怒和挫败被偶然的机会化作难以挽回的行动,而我们从未主动促成这样的结果。好像我们找到了一个代理人,一个布鲁诺这样不请自来的朋友,按照他的想法替我们完成了心中所想。他知道我们想要的是什么吗?不知道,可他并不在意——偶然的机会不可能在意。希区柯克的意思是,并非任何人都能做任何事,而是任何事都可能发生在任何人身上,一种难以确定的、却是更广泛意义上的偶发的可能性。

  一直以来,那些伟大的小说和电影都在试图让我们相信世上只存在一种形式的叙事逻辑,即发生在纸页或银幕上的故事也有可能发生在"现实"里。我们知道事实不止于此，但我们也不习惯去考虑其他可行的逻辑，因为要是我们不遵循故事里的逻辑，也就没法尽情享受一部小说或电影。《火车怪客》和《谁陷害了兔子罗杰》(*Who Framed Roger Rabbit*，1988年)一样，是对不符合现实的叙事逻辑一次教科书式的完美呈现。打个比方来说，《兔子罗杰》的情节发展没有多少因果关系，一切都是为了取得最佳的喜剧效果，影片中角色的行为也都毫无逻辑可言，只因为他们是被"塑造成那样的"。我们还记得布鲁诺站在杰弗逊纪念堂台阶上的身影。他为什么会在那儿？因为他出现在那里能让人（对我们和盖伊都是如此）感到恐惧；因为他无处不在；还因为希区柯克不反对引入一点象征主义的元素。这几个理由跟剧情走向都毫无干系。

影片的情节中最脱离现实世界逻辑准则的部分发生在结尾处，然而，这部分拍摄得如此精妙，我们简直像在观看一部独立的短片。这一段的叙事都自有其用意和需求，往往与合乎情理的行为为背道而驰。有些镜头还挺讲究逻辑关系的，而在另外一些地方，为了达到更好的叙事效果，还会要求更加夸张的反应。在《火车怪客》的结尾处，希区柯克想要达到的效果是相当复杂的，但也有很多种实现的方法。希区柯克不必非得把谋杀现场安排在游乐园里，也不必把最后一幕拍成一个小型世界末日的样子。他只要让布鲁诺在某个地方（任何地方）杀掉米里亚姆，再让他把盖伊的打火机留在犯罪现场的计划在最后一刻出点岔子就行了。最后一刻的差池能设置悬念，让观众感到兴奋；另一方面，布鲁诺不能成功，因为他必须为杀人而受到惩罚——要不然他的交换谋杀理论就是正确的了，即使只有一方下了手。

假设我们把这些基本需求和我们在银幕上看到的情节做个比较，我们就会对拍电影这件事产生一个大致的概念：一个让你的奇思怪想得以短暂释放的机会。在布鲁诺把打火机放到他杀死米里亚姆的那个游乐场之前，盖伊追上了他，两人都爬上了旋转木马。此时，盖伊依然是警方的主要怀疑对象，一个跟踪他的警察开枪打死了操控员，后者当场死亡，不慎拽动了机器的加速装置。旋转木马越跑越快，音乐也加速了。布鲁诺和盖伊开始扭打，好像他们是在一个老式的西部小酒馆里。上下起伏的旋转木马上坐着不少孩子，其中几个为它的新速度感到兴奋，剩下的孩子则吓坏了。站在游乐机外面的母亲为孩子感到担心，警察无能为力，一个勇敢的、没有牙齿的老头说他知道怎样让机器停下来——爬到旋转木马的下面去。希区柯克说在那之后的很长一段时间里，只要想到那个人，他就会做噩梦，"因为那一幕真的很危险，就跟观众看到的一样危险，要是他把头抬高一两英寸，他肯定会死的。"这个倒霉的家伙花了好长一段时间才爬到木马的底盘中心，拉停了机器。这时，一个孩子差点从旋转木马上掉下去，还好盖伊从与布鲁诺的打斗中抽身出来，救下了他。这也可能是希区柯克用他的影像给予我们的一点小小讽刺。"我知道你们喜欢看到这样的镜头,好人就是好人,"或者"你们就是信任好人,难道不是吗?"然而,截停机器并不能如我们所愿地解决问题。木马转得太快了,骤然停下只会让它面临崩溃。整座旋转木马崩坏了,砸中了布鲁诺,给了他致命的一击。我们来不及留意其他的受害人,但有一点是肯定的,银幕上散布着某种可怕的、意想不到的氛围。垂死的布鲁诺仍然毫无悔意,一个劲地想要拉盖伊下水。然而,这时他摊开了手,露出了那个打火机,这下终于真相大白,连警察都明白了。

我们无需对这一幕多加阐释——当然要是你想的话,我们也能根据自己的喜好想出很多种不同的阐释——它证实了我们已经看到的一切:一则情节发展迅速的眼花缭乱的短片,让观众体验到愉悦、速度、危险、困惑、机械的运转和破坏。或者也可以这样看待它:一幕精心构造的场景,展现了一个失去控制的现场。这一幕的拍摄是悉心安排好的,无论我们是否意识到这一点,这种意识都与银幕上发生的一切产生了冲突。我们也许会再一次想到希区柯克对无序的反感,并得出这样的结论:唯有对无序的极致反感才能拍出类似这样的场景,煞费苦心地呈现出一幕井然有序的混乱场面。我还想补充一点,我们在观看的不只是希区柯克的心理状态,还有他为美国感到的焦虑。在他眼里,这片土地上的枪支会射杀错误的对象,很多时候,机器（无论是现实中的，还是隐喻的国家机器）都会被当作理所当然的存在，直到它突然崩坏。

令人目眩的进账

在《火车怪客》之后，希区柯克又为华纳拍了三部片子（《忏情记》(*I Confess*)、《电话谋杀案》(*Dial M for Murder*) 和《伸冤记》(*The Wrong Man*)），随后是派拉蒙的几部（《后窗》(*Rear Window*)、《捉贼记》(*To Catch a Thief*)、《怪尸案》(*The Trouble with Harry*)、《擒凶记》和《迷魂记》(*Vertigo*)。起初他是被华纳租借给派拉蒙的，当时他与华纳签了合约，但很快他就直接与派拉蒙签了新的合约，麦吉利根称之为"令人目眩的进账"时期开始了。这时卢·瓦泽曼[1]成了他的经纪人，促成了这桩利润颇丰的合作——后来，他还帮助希区柯克夫妇入股了环球电影公司。在为派拉蒙拍了五部片子（如果算上《惊魂记》的话就是六部，那是派拉蒙的一部合拍片），又为米高梅拍了一部之后，他选择在环球停下脚步，在这家公司一直待到退休。瓦泽曼还建议希区柯克涉足电视行业，因而才有了希区柯克的两部电视剧，《希区柯克悬念故事集》(*Alfred*

---

[1] 卢·瓦泽曼（Lew Wasserman, 1913—2002），好莱坞传奇经纪人，一手将 MCA 公司（后成为 MCA 环球）打造成娱乐领域的全球领袖。

Hitchcock Presents）和《阿尔弗雷德·希区柯克时刻》（*The Alfred Hitchcock Hour*）。而这两部作品，就像大卫·汤姆森所说的，"对他的改变远超过他自己的想象。"有趣的是，从很多不同的方面来看，这都是一句正确的评价。希区柯克又一次出名了，或者说他变得更有名了，也可以说他得到了不一样的名气；而这个希区柯克已经不是过去的那个他了。约翰·鲁塞尔·泰勒的评论值得我们牢记在心，"在电视行业发展相对较为早期的那段时间里，一个一流的顶尖电影导演与一个没什么价值的、被人看轻的媒介产生了瓜葛，这简直是一次创举。"

关于"希区柯克的金发女郎"这个主题已经有过太多论述，好像他影片里所有的金发女郎都是一回事，又好像是他发明了"迷人的金发女郎"这一形象。事实上，在安妮塔·卢斯之后，包括希区柯克在内的每个人都知道了"绅士爱金发女郎"[1]，而那些不是绅士的家伙对金发女郎的偏好只会更甚。《房客》已经隐约提到过这种倾向，而金·诺瓦克和蒂比·海德莉在《迷魂记》和《群鸟》里的扮相也都展示了精心装扮过的金发女郎形象。希区柯克曾告诉特吕弗，比起深褐色头发的女性，金发女郎会给人一种更"难以捉摸"的感觉，因而更难对她们产生猜忌；出

---

[1] 安妮塔·卢斯（Anita Loos，1889—1981），美国编剧，作家。《绅士爱金发女郎》（*Gentlemen Prefer Blonds*）是她的小说代表作，后改编为歌舞片，由玛丽莲·梦露主演。

于同样的原因,当观众看到她们陷入精神崩溃,或发现她们是荡妇时,随之感到的震撼也会更强烈。这可能不总是一条通用的真理,当希区柯克提出这条理论的时候,无论在哪种情况下,我们的期待都与之恰好相反。早在观看《讹诈》(*Blackmail*)这部片子时,我们就感到安妮·奥德拉饰演的女主角总是勾引受害人,就因为她是个金发女郎,而非出于其他理由。

除去这些陈词滥调的隐喻,只有一个真正的希区柯克式金发女郎:格蕾丝·凯莉,她在《电话谋杀案》和《后窗》里,尤其是《捉贼记》里塑造了一个符合希区柯克理想的形象。我们在银幕上看到的并非一个难以捉摸的、性欲旺盛的女性,而是一个外表冷漠、实则相当有趣的女人。让我们暂且忘掉贯穿了整部《捉贼记》的隐喻和暗讽,以及凯莉的角色在影片里对所有与性有关的行为的完美掌控。只要听她在影片结尾处对加里·格兰特说的话,说他们在一起会很快乐的,说她有多喜欢他的房子。哦,还有,"妈妈也会非常喜欢这里的。"她一本正经的玩笑话暗示着拘谨本身也可能成为一种引诱的方式,甚或可能加剧这种引诱。

希区柯克试图在《西北偏北》里让爱娃·玛丽·森特重塑这样的形象,他的努力也确实取得了一定成果。她没能展现出沉静、优雅的外表下神秘、风趣的一面,但她很有个人风格,她的表演也有嘲弄人的意味。到了《迷魂记》里的金·诺瓦克,他甚至都懒得再做尝试了。她在这部影片里的表现很棒，但她并非一个典型的希区柯克式金发女郎，她没有俏皮的一面，在她真挚端庄的形象之下没有那种凯莉式的第二人格。她的美是一种相当凝滞、空洞的美，因为作为一名金发女郎，她是这个虚构的故事里的一个虚构形象，代表着一个男人对女人的幻想，就像一座雕塑。希区柯克让蒂比·海德莉在《群鸟》和《艳贼》里再次做出尝试，可两次都没能成功，反而导致了人物个性方面灾难性的后果。海德莉表现得像是格蕾丝·凯莉的转世化身，或许她的形象更应归功于伊迪丝·海德[1]而非希区柯克。发型设计师弗吉尼亚·达西和头饰品牌亚历山大[2]应该也做出了不小的贡献。然而，最终呈现在银幕上的形象并非一个表面沉静、实则蕴藏着迷人能量的美人，我们只看到一个精心构建出来的、亟待摧毁的艺术品——海德莉作为演员的限制和希区柯克对过去只存在于他想象中的世界的贸然闯入，导致了一个可怕的结局。

希区柯克的眼里是否只有那些让他倾慕的女性？他是否爱上了格蕾丝·凯莉或英格丽·褒曼？在和蒂比·海德莉共事时，他显然越了界，他很有可能还对其他女演员做出过同样的暗示。既然如此，他反复声称自己性无能的说辞是否是一个谎言？还是说他的越界只止于一个性无能的

---

[1] 伊迪丝·海德（Edith Head, 1897—1981），好莱坞服装设计师，一生共获34次奥斯卡最佳服装设计奖提名，夺下了8个奥斯卡奖。
[2] 法国知名头饰品牌，创立于1972年，备受欧洲皇室和好莱坞女星推崇。

男人所能做到的地步？参与了希区柯克最后一部未完成影片摄制的大卫·弗里曼说自己对性无能这个说法并不知情，当他听说希区柯克和艾尔玛已"多年没有夫妻生活"时，他感到很惊讶。对此，弗里曼的说法是：

> 如今我仍羞于承认这点，当时我以为他是在谈论亲戚的事情……[1]无论关于他婚姻的说法是真还是假，只有本人才能给出确切的回答。不过，很显然他想让这些话被记录下来。告诉这个世界，构成他作品最本质的两样东西——性爱和激情，在他的婚姻里都是不存在的。他无疑是在试图表述这样一个观点："我就是我的电影，我的电影就是我。要是你想了解其中一样，就去看我的电影，我的精神遗产，而不要把视线投向我古怪、丑陋的肉体。除了我的电影，再也没有能够代表我的存在。"

弗里曼的误解本身也能帮助我们理解希区柯克的说辞，从而更清晰地看透事情的真相。他们的亲戚都过世了；只剩下艾尔玛和他了，没有叔叔阿姨、堂兄弟姐妹，双方家庭都没有。是的，还有其他方面的关系，但是他们没有。希区柯克喜欢说他自己是一个禁欲的人，一个与性无关的人，他只发生过一次性关系，就是怀上帕特的那一次。这

---

[1] 上文中提到的"夫妻生活"（relation）也有"亲属关系"的意思。

是真的吗？从数学的角度来说，几乎肯定不是真的。但要是他指的是那些年里夫妻之间的常态呢？有可能是真的。要是那样的话，这句不断出现的剖白就不单单意味着"我就是我的电影，我的电影就是我。"它还有另外一种含义，"我不喜欢严肃地谈论这类事情，所以让我们把它撇到一边吧。"它还隐藏了更深一层的暗示，"我对性行为的理解几乎完全是理论层面的，它成了我备受保护的精神资产，在我的生活和职业生涯里，我都得以从中获益良多，并非因为我压抑了自己的情感，而是要感谢这些未被触碰的、未曾付诸实践的欲望。你以为我为什么那么喜欢开下流玩笑？"

可是艾尔玛呢？对于这出禁欲的把戏，她是怎么想的？麦吉利根认为，她对编剧怀特菲尔德·库克可能有过超越欣赏的情感。库克和希区柯克合作过两部电影，《欲海惊魂》和《火车怪客》，但他的行为非常谨慎。他和艾尔玛在一起共处了很多时间，对此麦吉利根的看法是，有一天晚上"他们就要发生关系了"，可是"一通海外来的电话却让情况变得有点复杂"。后一句是库克日记里的原话，我们仍然无从得知当时到底发生了什么复杂的情况。这件事以后，两人在一段时间里继续见面，但这段韵事（倘若真相就是如此）就此画上了句号。这段插曲预示着艾尔玛表现出不同寻常的需求的一刻，也再度强调了她在其他时候的审慎和自制。就我们对她的主要生活模式的了解来看,她似乎早就清楚自己会(以及不会)从这段婚姻里得到什么,而无论希区柯克有没有性能力,他一直都对她情深义重。

艾尔玛和阿尔弗雷德·希区柯克(分别在 1951 年和 1955 年)成了美国公民后,希区柯克也顺理成章成了美国导演。该如何理解这句话?他并未丢弃他的英式做派和着装风格。他女儿帕特说他没有英国口音了,而艾尔玛还有;不过,在我的记忆里,每次公开露面时,他还是会用这种口音说话。然而,要塑造一个成功的移民形象,重要的是在自己原有的国家特色上再加上另一个国家的特征,而不是放弃原来的形象。当弗拉基米尔·纳博科夫[1]笔下的普宁[2]说他很快也会成为一个美国人,我们从中读到的是一个悲伤的笑话:除了我们认识的这个可笑的、格格不入的俄国人,他还能变成什么样子呢?更隐晦的观点是他可以成为一个美国人。同时保留原来的那个自己:这就是"美国"两个字所代表的部分意义。希区柯克成了一个美国导演,不仅因为美国成了他很多影片的主题,还因为他把那些与美国有关的固定看法融入了自己的故事里——说得更

---

[1] 弗拉基米尔·纳博科夫(Vladimir Vladimirovich Nabokov,1899—1977),俄裔美籍作家,代表作有《洛丽塔》《微暗的火》等。《普宁》用黑色幽默的手法描述了一个流亡的俄国老教授在美国的生活,刻画了一个与周围环境格格不入的形象。

[2] 《普宁》是纳博科夫第一部引起美国读者广泛注意和欢迎的小说。其中描述了一个流亡的俄国老教授在美国一家学府教书的生活,诙谐地刻画了一个失去祖国、隔断了和祖国文化的联系,又失去了爱情的背井离乡的人物。

确切一点，他在这些固定范式里投入了自己的时间和想象。同时，他始终有所保留，对于现实，他坚持着一种完全不同的、更坚定的非美国式的看法。他与生活在其中的这个世界有着些微的不同步，对于这种状态他并不陌生：在英国他就是这么过的。

提起派拉蒙影业，就不能不提了不起的维斯塔系统（VistaVision）[1]；乍看之下，这个系统与希区柯克晦暗的电影世界似乎并不相容。我们或许可以这样理解，希区柯克的这几部影片不仅仅是简单地从黑白电影到彩色电影的转变——此前他已经拍过几部彩色片了，它们透过色彩传递出一种别样的情绪。《捉贼记》是最明显的一部，它也是希区柯克作品里最轻松的一部，但《后窗》和《擒凶记》也透露出这样的情绪，就连着色略显怪异的《迷魂记》也是如此。让影片显得轻松的并非色彩本身，尽管黑色电影的内行人士可能会试图让我们接受这个观点。在希区柯克的片子里，色彩赋予银幕上发生的一切以一种奢华感，仿佛我们看到的是一个挥霍经费搭建出来的世界，当可怕的事情发生在这个富足的世界里，它们本身也成了奢侈品，好像它们是事故中的顶级事故。因此，倘若"希区柯克"这四个字曾经代表的是《房客》、《辣手摧花》和《美人计》所展现的光影对比、特殊的拍摄角度和表现主义的灯光设

---

[1] 宽银幕电影诞生后，派拉蒙为了解决放映质量的问题，在1954年发明的具有更高分辨率的35mm电影胶片宽银幕变体。

置，如今这个名字也指向华服、光明和诱惑——还有一以贯之的悬念、错置的身份、迷恋、危险和死亡。希区柯克并未抛弃他曾经为之着迷的主题，而是为它们找到了一片新的游乐场，就是在这片精心构筑的布景前，他拍出了那些或许是他最伟大的作品。他离开派拉蒙到米高梅去拍摄《西北偏北》时，也带走了他对彩色电影的创意，更确切地说，他为米高梅带去了我们能想到的那个时代的彩色电影所能呈现的一切。在这样的背景下，希区柯克的作品染上了一层纪录片的风格，这一点在《忏情记》(*I confess*)和《伸冤记》(*The Wrong Man*)中表现得尤为明显，它们似乎是另一个"希区柯克"创造出的令人赞叹的成就，好像在过去的那个表现主义风格导演和新的彩色电影导演以外，还有第三个人的存在。这几部电影都是不错的作品，尽管不是希区柯克最出色的，跟他其他那些更深入人心的作品相比，它们像是短暂偏离大道的一条小径。从中我们可以看出，希区柯克的那些标志性特征里也包含了某种程度上的奢侈铺陈和对新生事物的探索，而非固守于已有的范式；代表"希区柯克"这四个字的并不是他擅长的技巧，也不是他被迫接受从而变得擅长的东西，而是他比其他人都更善于去探索的能力。

6 紧绷的情绪

令人痴迷的影像

《迷魂记》在1958年上映伊始并未引起强烈反响。大多数影评人和观众都认为影片的情节发展缓慢且牵强。在那以后,《迷魂记》从公众的视野里消失了一阵,因为这是希区柯克自有版权的五部作品之一(其他四部是《后窗》《怪尸案》《夺魂索》和重拍版的《擒凶记》),而他选择在首映后停止发行这几部影片。直到1983年,想要观看它们的人只有为数不多的选择:盗版影片,巴黎的电影资料馆,到华盛顿国会图书馆的斯丁贝克剪辑台(Steenbeck)上限时观看,或者其他类似的途径。

随着《迷魂记》再度进入公众视野,舆论对它的评价发生了根本性的变化。此时,希区柯克已经跻身"伟大导演"的行列,而影片的某些特质也与当下的时代氛围产生了呼应;这种特质没能触动1958年的观众,或者说,它并不属于那个时代。很快，影片不仅被视作一部出色的作品，还被冠上了"伟大"之名。2012年，在英国权威影评杂志《视与听》（*Sight and Sound*）的影史佳片排行榜上，它取代了位列第一的《公民凯恩》[1]。在那以前，《公民凯恩》已经在榜首停留了五十年之久。

假如我们不考虑这两部杰出作品的其他方面，而只是单纯地提问，为何一部以"执迷"为主题的影片会在这一时期取代一部以个人志向为题材的影片？部分是因为执迷是一种难以捉摸又无法穿透的情绪，不同于五十年代，八九十年代的观众开始对那些他们无法改变和理解的形象心向往之。但我们还可以从更细致的角度着手，解答一个更容易得出结论的疑问：这部影片是基于法国惊悚作家皮埃尔·布洛瓦和托马斯·纳西亚克的小说改编的，虽然小说本身别具风格、才华和创意，而《迷魂记》也被公认为一部伟大的影片，但为何人们永远不会把原著视作一部伟大的小说？部分原因是因为电影这个媒介的特质：电影能够让观众沉浸于影像所渲染的令人痴迷的氛围中，而小说的读者则更倾向于跟随作者的描述，依据作者的描写去想象这种使人着迷的情绪。当然，也有以痴迷为主题的糟糕电影和杰出小说。因此，为了更全面地回答这个问题，我们必须同时考虑电影媒介的特质，以及希区柯克运用这种特

---

[1]《公民凯恩》是由奥森·威尔斯于1940年拍摄的一部传记影片。该片以一位报业大亨孤独地在豪宅中死去为序幕，讲述了他一生不平凡的经历。

质的能力。

《迷魂记》的原著写得相当专业，悬念的设置恰到好处，同时兼顾了阅读的乐趣。影片则颠覆了观众心目中改编作品的样子。它并未迷失在情节里，而是具象地呈现出角色挣扎在阴谋和欲望、自持和迷恋之间的茫然无措，让我们不禁自问，我们为何会如此关心这些游移不定的人的命运？在偏离小说的走向以前，希区柯克颇为细致地重现了小说和它所构造的世界，这样的认同感因而变得更令人心悸。他为编剧和剧组放映了好几次亨利-乔治·克鲁佐的《恶魔》（*Les diaboliques*）[1]，同样也是一部改编自布洛瓦和纳西亚克小说的电影。有趣的是，克鲁佐是在有意识地拍摄一部"希区柯克式"的影片；希区柯克喜欢克鲁佐对他的致意，也喜欢这部片子，但另一方面，他又决意要证明自己的不同——他不是克鲁佐，甚至不是过去的那个希区柯克。

在这部影片里，演员的人选相较于过往起到了更重要的作用。男主角由詹姆斯·斯图尔特扮演，而希区柯克对待金·诺瓦克的态度也不像他过去与格蕾丝·凯利或蒂比·海德莉共事时那样——用迷恋的目光注视着自己塑造的金发女郎。事实上，他对她非常不满意。和其他影片的

---

[1] 亨利-乔治·克鲁佐（Henri-Georges Clouzot, 1907—1977），法国导演，编剧，以拍摄惊悚片著称，代表作有《乌鸦》《恐惧的代价》等。《恶魔》被视作启发了希区柯克拍摄《惊魂记》的作品。

情况一样，斯图尔特把真实的自己带进了希区柯克的影像世界，我们能够从这个角色身上看到他在其他影片里塑造的人物痕迹。然而，早在拍摄《夺魂索》时，希区柯克就在斯图尔特身上发现了阴暗的一面。普通观众不会想到斯图尔特还有那样的一面，好像对他来说，维持那副不慌不忙、若有所思的做派并非易事，反而是一种内心的煎熬。在重拍版本的《擒凶记》和《后窗》里，斯图尔特同样轻松地以一副坦然自若的表象掩盖了他的角色正在经受的焦虑情绪，虽然不如《夺魂索》里的表演给人的印象那样强烈。

影片前半部分难以预测的情节紧紧地摄住了我们的好奇心，这个故事看似不合情理，却又叫人无法拒绝，两者的结合迸发出不可遏制的力量。影片过半后，一切都发生了翻转，不断涌现出各式各样挥之不去的新疑问。确切来说，让我们感到不合情理的是詹姆斯·斯图尔特扮演的斯科蒂·弗谷森被卷入的这起谋杀案。斯科蒂大学时的朋友——加文·埃尔斯特，从欧洲回到了洛杉矶，想摆脱他出身富裕的妻子。最终他得偿所愿。没人怀疑他，他以自由之身（婚姻和法律上都是）返回了欧洲。到这里为止的情节都很清楚。他有一个同谋，不过他付够了钱，她也不会给他惹什么麻烦。

然而，如果单就埃尔斯特的这条线索来看，我们看到的是一个策划周密并被完美实施的谋杀计划，相较之下，希区柯克其他影片里的情节都像是原始的本能反应。埃尔斯特的帮手伪装成他的妻子,而他真正的妻子很少从乡下的住处到城里来,这让他的计划更便于实施。这个帮手假装埃尔斯特的妻子被去世的祖先附体,陷入了一种恍惚的精神状态。这个祖先名叫卡洛特·瓦尔德斯,在1857年自杀。她拜谒了这个不幸的女人的墓地,在博物馆里长时间注视着她的画像,最后跳进了金门大桥下的海湾——理论上她应该是二十六岁,与卡洛特自杀时的年纪相同,又一个被附身的证明。埃尔斯特雇用了私家侦探斯科蒂,让他跟踪自己的妻子,避免她在神游的状态下可能受到的任何伤害。斯科蒂尽责地完成了他的工作,一路尾随在她身后,跟着她去那些地方,跟着她在城里漫无目的地到处兜风,在她跳海的时候及时救起了她。或许埃尔斯特不确定斯科蒂真的会爱上这个女人——假扮成他的妻子时,她是玛德琳,后来她又成了朱迪——但他肯定希望他会被她迷住。只要他被这个人迷住了,他信不信这个附身的说法就无关紧要了,只要他相信她,并且知道她在意这件事,他也就会在意。

斯科蒂之所以从警队退役,是因为他受困于严重的恐高症,起因是我们在影片开头看到的那场屋顶追逐戏的高潮。钩子松脱了,斯科蒂挂在檐沟上,想要把他拉上来的警察掉下去摔死了。我们甚至没看到斯科蒂是怎么摆脱这个危险的处境的。在下一个镜头里,他的身体已经在恢复了。我们不知道埃尔斯特是在读到关于斯科蒂的报道后才设计了他的谋杀方案,还是他一直在等待一个合适的有恐高症的替罪羊——无论出于哪种原因,都不太能让人信服。

计划是这样的:埃尔斯特会把妻子带到一座位于旧金山南部某处的古老修道院,并在修道院的钟楼上杀了她,然后等在那里。假的玛德琳会把斯科蒂引到那里去,一路爬上钟楼——因为他的恐高症,他肯定没法一路爬到楼顶——他会看到他的玛德琳,起码是一个打扮得像玛德琳的女人从窗外掉下去摔死了。过了一段时间,埃尔斯特和假的玛德琳会逃跑,把妻子的尸体留在那里等待警方的调查,也让她回归那个假想的身后世界。

然而,我们(到目前为止)看到的一切都是从斯科蒂的视角出发的:一个魂不附体的女人,有明显的自杀倾向,而他显然爱上了她;还有之后那具从钟楼上摔落的躯体。和斯科蒂一样,我们也上了埃尔斯特的当,用希区柯克的话来说,"完全不知道这是一起谋杀案"。我们看着斯科蒂接受法官的询问,感到他极端的痛苦。法庭的气氛与整部影片的基调一样紧张、压抑,法官的提问重点丝毫不在那个死去的女人身上,反而一味地抓住斯科蒂的软弱不放,指责他总会让身边的人从高处坠亡。

在影片的前半部分里,我们的视听都与斯科蒂对这个世界的感知同化了。我们并没有准确地知晓他所看到的一切。我们看到的是他的另一重可能的视角(假设他的眼睛是一个带变焦镜头的摄影机)。我们还听到了伯纳德·赫尔曼[1]精彩的配乐,这是斯科蒂没有听到的;尽管乐曲出现的时机远比它的内容更为重要。

先举一个简单的例子。斯科蒂把车停在玛德琳住的大楼外面,看着她的车。我们先是看到一个他的镜头,然后我们的视角转换成了他的视角,从他所处的位置看着那幢楼。仪表盘上似乎有一束花,可我们靠得不够近,没法看清。(同样地,斯科蒂也看不清。)这时镜头切换到了盯着那辆车的他,他眯起双眼,似乎只要他想就能更接近它。摄影机听取了他的愿望,带领我们往前移动到了那个把斯科蒂和玛德琳的车分隔开的院子中间。没错,那是一束花,就是玛德琳从城里带回来的那束,跟卡洛特肖像画里的花一模一样。斯科蒂和那束花之间的距离还跟刚才一样,但我们看得更清楚了,而我们又赋予了斯科蒂同样的视角。

在另一个更复杂的场景里,斯科蒂尾随玛德琳到了博物馆,看着她长时间地凝视着卡洛特的肖像。一整个空荡荡的房间挡在他和那幅画,以及坐在那幅画前的玛德琳之间。他的视线所代表的镜头往前推进,定格在玛德琳身旁座椅上的那束花,接着转向那幅画,最后停在画里同样的花束上。我们再一次看到了斯科蒂,还站在刚才的地方,

---

[1] 伯纳德·赫尔曼(Bernard Hermann,1911—1975),美国著名电影配乐作曲家,曾获奥斯卡最佳原创音乐奖。他为《迷魂记》谱写的配乐被列入 AFI 百年百大电影配乐。

然后镜头切换到了玛德琳的盘发，接着往前推进到卡洛特同样的发式上，通过这个特写镜头，我们似乎进入了画里。倘若真要实现这种视觉上的接近程度，斯科蒂必须越过玛德琳，还得借助一把小梯子的力量。类似这样的视觉效果在影片里比比皆是——有多少次，我们的视线径直融入了某个角色的视角？但此刻这种效果被无限放大了。斯科蒂并非看不见这些东西，从而无法做出推断。重要的是他没法用我们观看的方式去看待眼前的一切，而我们的视角变成了一种隐喻，暗示着他的所思所想。这时的他可能已经全盘接受了埃尔斯特的说法，或者说，他相信玛德琳真的认为自己被附身了。最起码，他肯定在玛德琳和卡洛特之间找到了某种联系。那些推拉镜头确证了他的"肯定"。当然，在我们看完整部影片之后，我们就会意识到，这一幕之所以如此迷人，是因为这种看似确凿的暗示并不是真的；让斯科蒂感到信服的证据本身就是这个精心设置的圈套的一部分。在观看这个场景时，我们想到的并非埃尔斯特的推测，而是希区柯克和他的摄影机。

从某种角度来看，《迷魂记》是一部纯粹的电影——它完美地呈现了电影这一媒介的各种特质——以至于我们几乎可以忽略它的情节。它不是一部以电影或电影拍摄为主题的作品，但它出色地探究了这种媒介所能创造的效果，这种探究令人心悸，让我们对此产生依赖感，好像一种难以戒除的瘾。斯科蒂的困境像是针对我们被这种媒介过度吸引的现实的隐喻。我们到此刻为止对他产生的同情（和愤怒）都转化成了一种令人不安的情绪，好像我们也应该对他遭遇的一切负有某种程度的责任——从某种角度而言，这种情绪还将一直持续下去。

斯科蒂第一次看到玛德琳的那场戏最为精准地彰显了希区柯克是如何运用视觉语言来营造这种效果的。他正要拒绝埃尔斯特去跟踪保护他妻子的提议（"这完全不是我的专长"），而埃尔斯特说，他应该先见见他妻子，然后再做决定。这对夫妇要到厄尼饭店去吃晚餐，斯科蒂可以到那儿去从旁看她一眼。斯科蒂轻声重复了一遍饭店的名字，对此，查尔斯·巴尔教授在他为《迷魂记》写的那本"BFI 影史经典"[1] 里写道，"这将是我们在接下来的十分钟里听到的唯一一句台词。"场景从埃尔斯特的办公室叠化到了厄尼饭店的入口，下一个镜头就是坐在吧台旁的斯科蒂。摄影机沿着吧台往左移动，遵循的并非斯科蒂的视线，而是在描画这个房间的形状。这里有很多用餐的人。深红色的墙纸触目惊心，给人一种待在魔盒里的感觉。最后，摄影机停在了埃尔斯特身上，他坐在房间的另一头，面对着我们。和他共进晚餐的是个金发女郎，但除了她的发色之外，我们只能看到她身后垂下的一条华贵的披肩，深绿色与黑色相间的花色，一直拖到地板上。这时响起了赫尔曼的背

---

[1] 英国电影协会（The British Film Institute）发行的系列影评书系，每本书对一部经典电影进行深度解读。

景乐——由一整支管弦乐队演奏的《迷魂记》的主题曲，如泣如诉的乐声预示着浪漫的疯狂，你等不及要坠入的这条爱河——摄影机慢慢地向两人推进。镜头切到了坐在吧台旁的斯科蒂，从房间另一头远远地看着他们。接着，埃尔斯特和他的伴侣站起身来，向我们走近。这时我们看到了她的脸，由金·诺瓦克饰演的玛德琳。她的神情看起来略显恍惚，正是埃尔斯特想要她表现出来的样子。她走过坐在吧台旁的斯科蒂身边；他不自在地看了她一眼，转开了头。他这么做的时候，她在那里站了很长一段时间，侧面对着他；她周身都散发着神秘的气息，但她表现得过于沉静，怎么看都不像是个疯子——除了诺瓦克，也许没人能演出这种效果。我们又一次看到了比斯科蒂更多的东西。埃尔斯特和假的玛德琳离开了。斯科蒂又在吧台坐了一会儿，而下一个镜头里的他已经开始了盯梢的工作，等在她住的大楼外面。无论如何，斯科蒂都会跟踪她，因为他和我们一样，都落入了这出由服饰、音乐、肉眼可见的美、灯光、摄影机的运动和无懈可击的时机所构成的变形记的陷阱里。

对这种情绪的渲染在一组镜头里达到了高潮，这组镜头常被用作这部影片的宣传资料。斯科蒂和玛德琳已经爱上了彼此，这时他在考虑的已经不是完成埃尔斯特委托给他的任务，而是要把玛德琳从她疯狂的念头中拯救出来；而她的心里只有这出可怕的剧情，她必须坚持演到最后。

他们站在一片大海的背景前,投影的技术并不逼真,却并未削弱这一幕的真实性,反而在某种程度上加强了它的可信度。劳伦兹·哈特可能会说,他们的浪漫爱情无需一汪蓝色潟湖守候在旁[1],哪怕是一片人工投影的大海也无所谓。他们拥抱着彼此,仿佛这世上再无他人或他事,他们无处可去,也都忘了自己的来处。背景音乐起到了相当重要的作用,又重复起了贯穿影片始终的主题。音乐准确地踩着拍子,但拥抱的两人却没能意识到时间的流逝;这个主题会一再地出现,只要还有人会坠入爱河,忘记除了彼此以外的一切,忘记除了自己的情感以外的所有情绪。从瓦格纳那里借鉴来的抑扬顿挫的乐曲不会妨碍这种氛围[2]。由于我们才是听到这段配乐的人,我们不免也被卷入了这两人狂热的爱恋之中。

然而,没过多久,斯科蒂和玛德琳就去了修道院,埃尔斯特顺利地完成了他的谋杀计划。从斯科蒂的角度来看,他深信玛德琳已经死了。他悲痛欲绝,被送入医院治疗。这里有一场斯科蒂和他的朋友米琪(芭芭拉·贝尔·戈迪斯饰)的对手戏同样令人印象深刻。米琪来病房里探望他,用录音机放莫扎特的音乐给他听——她从医生那里听说,

---

[1] 劳伦兹·哈特(Lorenz Hart, 1895—1943),百老汇著名音乐人,与理查德·罗杰斯组成了"罗杰斯与哈特"组合。这句话戏仿了他的代表作《我的浪漫》(*My Romance*)中的一句歌词。
[2] 赫尔曼在影片的配乐中大量借鉴了瓦格纳歌剧《特里斯坦和伊索尔德》中《爱之死》的主题。

这是最好的治疗心理创伤的音乐。无论是对音乐还是对她大胆、友善的玩笑,他都毫无反应。她去见了他的医生。在去的路上,她轻快地沿着走廊往前,笔直地走在中间。而在她离开医生的办公室以后,她紧贴着右侧的墙壁,几乎要靠在墙上,走得非常慢。医生对斯科蒂病症的愚蠢分析让她感到挫败,她知道他根本没有什么精神问题。大提琴悠扬的乐声陪着她经过走廊,像是在表示哀悼,也预示着别离。到了走廊的尽头,她停了下来,我们远远地看着她渺小的身形。我们没有看到她离开;我们看着灯光渐渐转暗,直到无尽的黑暗吞没了她。之后我们再也没见过她,从而意识到这是希区柯克表达再见的方式之一:他从不会让他看重的角色随便消失,总会伴随着某种视觉形式的道别时刻。在某些方面,这一幕恰好对应了斯科蒂第一次看到玛德琳时的一幕。米琪已经看穿了,斯科蒂对玛德琳的迷恋永远不会消逝,她的死只会让这份爱意长留在他心间。她受到了打击,离开了他,留下我们去面对这个由我们和他一起造成的局面。仿佛是向理智的道别,在斯科蒂离开医院后,我们两次看到他站在街上,身旁是一个标着"单行道"的指示牌。

情节随即开始变化——查尔斯·巴尔是这样写的,"最后四十分钟的内容呈现出令人窒息的紧凑感。"此时,这个死去的女人占据了斯科蒂的全盘心绪,而这个他以为是玛德琳的女人只是她的替代品。他出了院,虽然还是一副阴郁的样子，外表却像是恢复了理智，而她依然无处不在：那个穿灰色套装的女人像她，另一个穿白色外套的女人也像她。当她们走近时，他发现她们跟玛德琳一点也不像。和影片的前半部分一样，希区柯克再次将我们下意识构建的情节与我们真实看到的故事巧妙地割裂开来。斯科蒂急切地寻找着玛德琳，却一再地认错了人，其中一个看着像是玛德琳的人就是金·诺瓦克，在稍后的近景里又替换成了另一名女演员。我们修正了这个画面，把这次错认归咎于斯科蒂的错觉。可事实上我们看到的不是幻觉——我们只是恰好看到了幻觉导致的错觉。

因此，精心构筑的骗局成了内心暗示的真相；着魔的说法确实有可能被接受。埃尔斯特的骗局看似面面俱到，然而，也正是因为它被设计得太过复杂，致使里面总有难以控制的地方，而那个假的玛德琳也不像其他谋杀案中有头脑的同谋那样离开了这个城市。现在她住进了一家宾馆，用自己的名字登记，朱迪·巴顿。某天，斯科蒂在街上看到了她。他认出她了吗？没有，但他在她身上看到了玛德琳的影子。这一刻，我们感到一阵难以控制的眩晕，最起码我自己的感觉是这样。我知道这个人是金·诺瓦克，不只是因为我看过这部电影。我也看过她在其他作品里的扮相；这就是金·诺瓦克。与此同时，我的思绪落入了另一条截然不同的想象线索，我觉得这个人不是玛德琳，她跟玛德琳毫无相似之处；斯科蒂肯定是疯了，才会认为自己看到了一个像玛德琳的人。正如塔尼娅·莫德尔斯基所评价的,"她看上去'不对劲',是美丽的玛德琳的一个仿造品。"可我又为何如此肯定斯科蒂认错了人,即使我很清楚那就是同一个演员?

对此我难以给出确切的答案。当然了,随着斯科蒂和朱迪开始交谈,也就无需再去追究这个问题了。从这一刻起,希区柯克开始为我们揭示这个谋杀骗局背后的真相。在朱迪与斯科蒂第一次交谈后(从他的角度来看,这是他们的第一次对话),她先是决心离开这里,然后又决定要留下。希区柯克慷慨地给我们看了一段闪回的画面,也就是修道院那场戏的最后一幕:埃尔斯特的妻子从钟楼上摔了下去;玛德琳下意识地尖叫,计划里并没有这个举动;他们合伙逃脱。小说的读者直到最后一刻才得知事情的真相,而希区柯克改变了这个结构安排,评论家们对此已经有过诸多探讨。"我周围的每个人都表示反对。"希区柯克说。这样的改变突兀地中断了叙事,骤然转换了视角,却用最极端的方式达到了希区柯克一直想要追求的效果:揭露秘密,制造悬念,知道发生了什么,却不知道发生的一切会导致什么样的后果。

斯科蒂想要对朱迪加以改造,突出他在她身上看到的与玛德琳相似的地方,这一过程的结局被导演克里斯·马克[1]描述为"最神奇的摄像机运动,纵观电影史也没有一刻能与此比肩"。她接受了他的改造,我们看到她的周身焕发着一层薄雾似的绿光——窗外的霓虹灯照进了她的旅馆房间。导演想要传递的讯息很清楚:她已经变成了一个鬼魂;斯科蒂把她变成了一个鬼魂。接着她往前走到一片更明亮的白光里。不,不是鬼魂,甚至不是变身后的朱迪:就是玛德琳,再次被召唤到尘世的玛德琳,只可能是她,虽然我们都清楚,对朱迪来说,这个奇迹不过是再次换上之前的装扮而已。事实上,这个老套的情节,这个漫长的改造过程,甚或放大了这个本就令人战栗的效果。随之而来的是那个漫长、热烈的拥抱,好像整个房间都在围绕着这对爱侣旋转,这个镜头是整部影片里决定性的一刻,很多影评人都在这一幕里看到了特里斯坦和伊索尔德的影子[2]。然而,在这部影片里,爱情并不等同于死亡,反而驱散了死亡。而这对情侣的个体身份,与他们之前经历过的种种一起,也似乎随着这一幕渲染的高潮氛围而消散了。

没过多久,似乎是为了弥补刚才骤然转向隐喻的场面,影片的情节又回到了正轨上,继续对骗局的揭露。朱迪愚蠢地戴上了她扮演玛德琳时戴过的那条项链(也可能是一

---

[1] 克里斯·马克(Chris Marker, 1921—2012),法国电影导演、制片人、影评家,新浪潮运动左岸派代表人物。
[2] 源自爱尔兰的中世纪传说,讲述克鲁努王特里斯坦和爱尔兰公主伊索尔德之间凄婉动人的悲剧爱情故事,后成为西方文学及其他艺术形式中的常见题材。

次大胆的举动，为了向斯科蒂摊牌）。斯科蒂看到了项链，立刻识破了这个完美实施的骗局，拉着朱迪去了修道院。他一路把她拖上钟楼的楼梯，试图借由愤怒和其他情感的力量摆脱自己的恐高症，同时也是为了尽可能地折磨她。值得注意的是，在这几场戏里，希区柯克成功地把詹姆斯·斯图尔特塑造成了一个可信的、满脸痛苦的反面形象，如果不是见过他在《擒凶记》里的表演，我可能根本无法相信自己看到的是这个斯图尔特。他在《擒凶记》里扮演了一名医生，在告诉妻子他得知的坏消息前，他近乎冷酷地给她下了药。这几场戏给人的感觉并不好，但对于演员和导演来说都是一次成功的尝试。

《迷魂记》的结局包含了太多人为设置的偶然因素，与其说它遵循了情节发展的逻辑关系，倒不如说是某种隐藏在情节背后的冲动导致了这样的结局。一名修女出现在钟楼里，她可能是好奇这两个人在这里干什么，朱迪受到了惊吓，往后退了一步，掉下去摔死了。斯科蒂的本意不可能是要杀死她；他只是想尽情宣泄自己的愤怒，对他被亵渎的爱情加以报复。我们无从得知他的其他意图，因为朱迪的死又让他回到了从影片一开始就设置好的套路里，一切都与人类的动机和意愿无关。影片不断出现的类似的情境变得如同一个从高处坠落的令人费解的寓言，而斯科蒂只能无助地看着每一次坠落的发生。小说里有一段话，说的是"让其他人代替我们去死，似乎那些死在我们附近的人是代替我们而死的。"这并非影片给我们的感受。在《迷魂记》里发生的一切,尤其是反复出现了三次的坠落,它们给人这样一种感受:让人们在你身旁死去本就是命运的一种形式,也定义了你是什么样的人。

思虑的投机

人们在斯科蒂近旁死去,男人和女人都有,但遭遇死亡或其他险境威胁的女性却是希区柯克大多数影片的主导元素。在他拍摄的每一部有杀手出现的影片里,女性都面临着死亡的阴霾,甚至有几次是真的遭了毒手。《美人计》里的英格丽·褒曼被下了毒,《辣手摧花》里的小查理对正在逼近的危险毫不知情,《西北偏北》里的双重间谍被敌人识破了伪装。《讹诈》和《阴谋破坏》(*Sabotage*)的女主角险些不能逃脱法律的制裁。

在这些危险的故事中,关键时刻的镜头效果往往尤其出彩,对此,夏布洛尔和洛美尔都提及了褒曼在《美人计》里的表现,当她的角色被下毒时,"整片银幕都焕发着难以言说的美感,这是希区柯克从表现主义导演F·W·茂瑙[1]的影片里习得的秘诀。"这样的说辞或许有些夸张,却捕捉

---

[1] F·W·茂瑙(F. W. Murnau, 1888—1931),德国表现主义电影代表人物,代表作有《浮士德》《诺斯费拉图》《最卑贱的人》等。

到了某种超越单部影片的特质。就某种角度而言,这是一种相当个人化的特质。

假若我们认同那些针对希区柯克的阴暗面的观点,看着那些漂亮的女性被伤害,这是否带给他一种性虐待般的快感?对于这个除此以外对妻子百依百顺的导演来说,这是不是他唯一的乐趣?还是说,这是一个害怕遭到母亲遗弃的孩子的报复?从希区柯克的晚期作品,以及他和蒂比·海德莉[1]的关系中,我们或许能够窥见一小部分的真相。对于外界传言的性虐待狂的说法,希区柯克自己也拿这件事开开玩笑,但这个举动可以有两种解释:不放在心上的否认,或是明确的间接承认。不管怎么说,这样的观点没法带领我们深入影片或是希区柯克的情感生活,对此,约翰·鲁赛尔·泰勒的论点则更有说服力。

泰勒的看法是,希区柯克将这些女性角色置于危险之中,折磨她们,从中获得的并非快感,而是对这些角色的认同。在某些病态或令人不安的幻象里,他就是这些女人。英格丽·褒曼,就是我。在否认性虐待狂的这个观点上,泰勒的辩护有些过于极端,他要么声称希区柯克从根本上来说就是个受虐狂,要么就是为虐待狂的行为寻找一个合乎情理的说法。希区柯克"总是待在家里,而且,在我看来,最好是有女性的陪伴",他写道,"他在影片里的角色

---

[1] 蒂比·海德莉(Tippi Hedren, 1930—?)电影《群鸟》的女主角。

更像是个受虐狂,而不是人们通常声称的施虐狂。"我不太清楚从"在家"和"陪伴"是怎么联想到受虐倾向的——也许是基于我们的个人偏好吧——但这个观点还有一个不那么直接的版本,在我看来更有道理。

希区柯克是一个容易受惊的人,他在作品里注入了自己的恐惧。在现实生活和影片里,他的恐惧呈现为多种不同的形式,然而,无论是从戏剧的角度,还是从情感的方面,它们都需要一个载体,一个具象的代表,也就是希区柯克所偏好的落入险境的女性形象。我们或许可以这样说,这些影片里的女性是我们最害怕失去的角色,她们在虚构世界里的死亡会让我们最难以接受——至于那些真实的女性和女演员,她们的人生并不具有象征化的意义,这个理论也就不适用了。对她们的过分关注是否是受虐狂的一种表现?或许是的。但这也可能仅仅是在做最坏的打算("人必须考虑各种可能性"),把她们当作祭物以求与诸神和解。[1]

在我看来,《迷魂记》中潜藏的希区柯克本人的意识源自一个不同的方面:他既是埃尔斯特,又是斯科蒂,在他身上同时并存了那个圆滑、缜密的阴谋者,让人产生幻觉的帮凶,还有受害人。因此,除了害怕失去他最看重的东西以外,希区柯克显然还有其他的恐惧。他害怕犯错,害

---

[1] 原文中的"Propitiation"意为安抚、和解,和赎罪的含义,即通过献祭的行为平息神的愤怒。

怕被戏弄，不愿臣服于理性，害怕自己太过聪明，也害怕自己不够聪明，最重要的是，害怕自己投身于电影这个用技术再造梦境的选择是个错误。每部新作品都是试图打消这个疑虑的尝试。当他开玩笑地谈起自己和父亲的工作时，他并不完全是在打趣。"尽管我绝不是一个天生的赌徒，"他说，"可我选择的终身职业和我父亲的行当没什么区别——都是对容易腐坏的东西的投机。"当然拍电影也让他感到愉快。他热爱自己创造的手法，也知道自己做得很不错。但那是拍出了《迷魂记》的希区柯克，而不是躲在经不起推敲的框架背后的投机者。

不能说是那样

在拍摄《西北偏北》期间，希区柯克产生了一个想法。"你见过流水线吗？"他问特吕弗，后者回答说没有。希区柯克接着说道：

> 它们太叫人着迷了。这么说吧，我想拍一场长谈的戏，让加里·格兰特和一名工人沿着流水线一边走一边对话。他们可以谈谈，比方说，其中一个工头。在他们身后是一辆正在装配的汽车，可以看到每一个零件。最后，观众会看到这些零件被组装成一辆完整的车，从最小的螺帽和螺栓开始，

加满汽油，随时都能开下流水线。这两个人会看着它说，'这太棒了！'然后他们会打开车门，这时从车里掉出一具尸体！……这尸体是从哪儿来的？肯定不是原来就有的，他们看着这辆车从头装起来的！这具尸体突然就冒了出来，你瞧瞧！

这具尸体突然就冒了出来。这或许是希区柯克奉行的某种信条。在他的影片里，情节的发展总是出人意料，尽管并非全无逻辑上的可能，但从另一方面来看，它们又总是恰巧符合了我们的期待。这种双重效果造成的影响是十分强大的，因为它跟我们的生活完全不同，却与我们的心理活动极为接近。希区柯克的故事线索（就像那条装配线的故事），他向情节和概率做出的所有让步，似乎都是为了赋予我们对影片合理性的一种微弱的预感，在他拉开悬念的面纱之前，给予一点隐约的暗示。

然而，我们对此的反应却几乎完全背离了他的期待。我们乐于从理性和现实中逃脱一会儿——就是为了这个，我们才去看电影的。问题在于，那些看似不可能的情节为何给人一种再合理不过的感觉，是否只有希区柯克的影片才能给我们这种感觉？不，这种情况每天都在发生，只是不符合我们对日常生活的理性想象。"普通"并不就是"意外"的对立面，而是在我们不经意的推动下，让"意外"隐身到了幕后。反之亦然。"要是这个故事里讲到了秃鹫，或是其他捕猎为生的鸟儿，"希区柯克在谈及《群鸟》的原著小说，达芙妮·杜穆里埃[1]的《鸟》（*The Birds*）时这样说道，"我可能就不想改编它了。这个故事之所以吸引我，是因为里面提到的都是常见的鸟类。你明白我的意思了吗？"明白了，明白了。只要这些常见的鸟儿有出人意料的行为。要不我们就会满足于表现得像麻雀的秃鹫了。

"不知从哪儿冒出来的尸体"的说法也能帮助我们理解"麦格芬"（MacGuffin）[2]，这一希区柯克频繁使用也喜欢谈论的手法。在我小时候，英格兰中部当地流传的"麦格芬"故事大致是这样的：两个男人坐在一列穿越英格兰（有时是苏格兰或威尔士）的火车上。其中一个人不断地把报纸揉成一团丢到窗外。另一个人终于忍不住了，问他在干什么。第一个人回答说，"哦，这能把大象赶跑。"第二个人说，"可是英格兰（或苏格兰或威尔士）没有大象啊。"第一个人说，"这就是了。"希区柯克给特吕弗讲了一个几乎完全一样的版本：有些人的童年听到的都是糟糕的笑话。

字典对"麦格芬"的定义是一种巧妙的叙事手段，而希区柯克有时也会这样描述它（"突然出现在随便哪个故事里的技巧元素"）。更多情况下，他只想要借助"麦格芬"

---

[1] 达芙妮·杜穆里埃（Daphene du Maurier，1907—1990），英国悬念浪漫女作家。其作品以神秘、恐怖等为主要特点，并运用勃朗特姐妹的小说创作手法，夹杂着宿命论色彩。
[2] 麦格芬（MacGuffin），意思是并不存在的东西，它表示一个话题或一个简单的情节和意念，并由此而生发出来的悬念和情节。

让看似合理却说不通的事情变得能够接受，让那些不言自明的真相显露出来。那具尸体不会无缘无故地出现，就像根本没有大象。我们还想要知道什么呢？

1956 年，希区柯克和米高梅签订了一份合同，要根据哈蒙德·英尼斯[1]的《玛丽·迪瑞号的沉默》（*The Wreck of the Mary Deare*）改编一部影片，并与恩斯特·莱曼着手撰写剧本大纲。莱曼或许是希区柯克合作过的头脑最活络的剧作家，肯定也是最有趣的。他们的创作过程要面对不少干扰。莱曼手头还有其他工作。此前他已经为比利·怀尔德写了《龙凤配》（*Sabrina*）的剧本，又刚刚完成了《成功的滋味》（*Sweet Smell of Success*）的改编工作，后者的原著作者正是他本人。希区柯克也有自己的麻烦。除了《迷魂记》的拍摄，他还接受了一次疝气手术。在那段时间里，希区柯克又对自己过去的一个灵感产生了兴趣，他的设想是"一个在林肯鼻子上的男人"[2]。莱曼很喜欢这个想法。米高梅的高层反对这个变化了吗？他们才不在乎；他们要的是希区柯克，而且他们也挺喜欢这个只有两页的大纲，"朝西北方向"。1958 年 6 月，希区柯克正式开始筹备这部影片，当时用的还是这个名字。

"好了，你看到了吧，"希区柯克对特吕弗说，"'麦格

---

[1] 哈蒙德·英尼斯（Hammond Innes, 1913—1998），英国作家，其作品常以航海为主题。
[2] 此处指美国拉什莫尔国家纪念公园内的总统山上的林肯头像。

芬'已经被浓缩成了它最纯粹的表达：什么都不是！"这回加里·格兰特扮演了一个名叫罗杰·O·索希尔的时髦人士，陷入了一连串的麻烦里。我们注意到他的名字里有个"O"，一个跟零很像的字母，整部影片的情节也显然是围绕着这个被替换了身份的人和某个不存在的人之间的误会展开的。其中存在着身份的双重误认：索希尔不是这个人，而这个人谁都不是。不难推测，希区柯克和莱曼合作得很愉快，虽然这个角色的名字也会让我们怀疑他跟大卫·O·塞尔兹尼克之间存在何种联系。而这个角色名的首字母缩写又构成了"腐坏"（rot）这个单词。无论如何，我们都能看出这个"O"是希区柯克对个人命运的呼告的一种奇特且极端的重现。事实证明，哪怕是一个无名氏，也享有权利，也要应对风险。哪怕是在一部什么都没明说的电影里。

《西北偏北》的开场营造了一种杰出且优雅的氛围，让我们从银幕布景联想到每日的现实生活，仿佛从一个人变身成另一个人是一件再容易不过的事。索尔·巴斯[1]设计的抽象风格的片头——字幕从几个不同的方向进入绿色的银幕——转化为希区柯克现实主义风格的电影世界（仅仅是在开场的短暂时间里），字幕变成了一幢玻璃外墙的摩天大楼的楼层，大楼的外立面上映满了纽约街头车辆的投影：

---

[1] 索尔·巴斯（Saul Bass, 1920—1996），是平面设计师与美术制作师。

我们认出这是麦迪逊大道,来往的人群熙攘喧闹,其中还包括刚好错过公车的希区柯克本人。索希尔出场了,向他的秘书口授着指令。他们开始往市中心走,搭上一辆出租车。他在广场饭店下了车,到橡树厅去见几个生意上的合伙人。

随后的情节骤然转向完全相反的方向,表面看来,这是为了故事发展的需要,而事实是我们将要脱离所有普遍意义上的故事情节,一切都不过是纯粹的"麦格芬"。根据莱曼的回忆,希区柯克针对这部影片的故事逻辑有过很多的讨论,这或许能为我们提供一些信息。他之所以如此关注逻辑的问题,或许是因为他乐于看到逻辑被破坏,因此反复做过多次类似的尝试。

索希尔起身去发电报,被错当成了另一个被呼叫的人——一个叫乔治·卡普兰的人。索希尔被干净利落地绑架到了长岛一座豪华的别墅里。绑架者们试图从他嘴里套出联邦调查局的某些行动计划,索希尔表示自己一无所知,于是他被灌下烈酒,塞进一辆往山下直冲的轿车里。半睡半醉的他差点把车开下悬崖,可他设法找回了正道,险情百出、醉眼蒙眬地往前开,最后为了躲避一个骑自行车的老人急停了下来。在他身后跟了一路的警车撞上了他的车尾,又一辆汽车撞上了警车。索希尔被带到警局,奇迹般得没有受伤,但还是醉得一塌糊涂。当他说起被绑架的经过时,没人相信他的说辞。只有在这样一部影片里,我们才会看到一个被逮捕的男人把电话打给他的母亲而非律师。他让她把他的律师带来。

到目前为止，我们看到的都是偶然的产物。希区柯克说过，电影拍到这份上，就连格兰特都不知道自己在拍什么。这会儿我们心里可能已经满是不耐烦的疑问了。要是我们想审讯一个从曼哈顿抓来的人，为什么要把他带到长岛去？没人在意影片的背投技术[1]有多糟糕吗？除了在格兰特的脑袋后面投影了一幅粗糙且滚动的大马路，希区柯克就不能做得更好一点吗？

事实上，一旦看透了希区柯克的意图，就连这些与现实技术相关的疑问都成了他的影片的一部分。希区柯克对纽约的地貌、真实的谋杀、难以解释的犯罪计划或投影的银幕假象都没兴趣。这并不是因为他不关心真实，而是因为他关心的真实不在构建出来的银幕世界，而只存在于观众的想象里。再看一遍醉酒驾车的场景，我们看到的不是一幕笨拙的悬疑剧（索希尔能活着逃出来吗？）——而是一个处在噩梦中的男人。这也是我们的噩梦，最终这辆车和他的生活都失控了，这一幕从而变得足够让人信服。我们真正看到的只是索希尔的脸，而我们也只要看着他的脸就够了。他眨眼、凝视、皱眉、斜视，前俯后仰，几乎就要睡着了。他在开车，又不在开车。他不知道自己在做什么，

---

[1] 背投技术（Digital Light Processing），指数字光处理技术，即先将影像讯号经过数字处理后再投影出来。

但他在做自己力所能及的事。

在影片最著名的一幕里,我们能更清晰地体会到这种效果,这种叙事的逻辑。索希尔搭乘一辆大巴离开了芝加哥。大巴开上一条孤零零的、尘土飞扬的大路,他本该在那里见到那个被他取代了身份的人。观众知道没有卡普兰这个人,他只是中央情报局虚构出来的情报员,为了不让那些坏家伙发现真正的情报员;可索希尔不知道。而那些坏家伙也依然认为索希尔就是卡普兰,决意要干掉他。在观看这一幕时,我们再次产生了某些模糊又显而易见的疑问,它们让我们更深入地观看希区柯克创造的这个世界,尽管表面看来,它们似乎没有那样的作用。有什么办法能摆脱掉一个麻烦的对头?让他坐一个半小时的车,再用撒农药的飞机攻击他?为什么不在芝加哥干掉他?要更方便地除掉一个眼中钉,你能想到无数更好的办法。

这一幕拍得十分精彩,值得一再观看。索希尔下了车,等在那里。这不仅是一个与世隔绝之地;它还是一个虚构出来的与世隔绝之地。几辆汽车和一辆卡车开了过去。接着一辆破旧的汽车从麦田后面开了过来,一个穿西装的男人下了车。汽车掉头开走了。这是卡普兰吗?索希尔不确定地走过去,问他是不是叫卡普兰。这个人言简意赅地回答了他,同时给出了答案和理由,"不能说是,因为我不是他。"接着,就在他等的那辆大巴到站以前,他说了一句,"真有意思。"索希尔问,"什么?"那个人说,"那架飞机在没有庄稼的地方撒农药。"他乘车离开了。飞机朝索希尔俯冲过来,随后发生在银幕上的一切在电影史上留下了重要的一笔,成为美国意义上的孤立无援和死亡威胁的代表性影像。正如哲学家斯坦利·卡维尔在他的著作《看见的世界:关于电影本体论的思考》(*The World Viewed: Reflections on the Ontology of Film*)[1] 中所写的,"大平原当然就是这样的地方,身处其中的人难以逃脱任何来自天空的威胁。"但还不止于天空,还有旷野。卡维尔借用这一幕来阐释这种不安的联系,准确地指出了我们应该看到的东西——或是希区柯克想要我们看到的东西。这种不安是对熟悉的事物陌生化的再发现:正因如此,大多数时间里我们无法充分地感到意外,这就是卡维尔强调的"当然"的意思。但我们确实感到意外,虽然还达不到理想的程度,而那种"当然"的感受总会滞后。潜抑作用[2]的意义就在于它既对人产生影响,又不足以产生足够的影响。那架俯冲过来的飞机并非影片动作场面的必要元素,又或者它就是必要的,也是因为那架飞机,这一幕才会持续留在观众的印象里。它就像在我们害怕的那个世界里一定会发生的专横行为。

---

1 《看见的世界:关于电影本体论的思考》:本书从哲学本体论的角度出发,对电影进行了深刻的思辨,研究了电影作为一个整体与客观世界作为一个整体之间的关系,同时也着重探讨了电影的本质起源、内部构成的特点等理论问题。
2 潜抑作用,指的是人们不知不觉当中,把无法被接受的念头、感情、记忆,或冲动压抑到潜意识里头。

影片里有一场戏值得引起我们的注意，希区柯克借用几个角色的对白解释了他们在这部希区柯克的影片和每个人的梦魇中承担的戏份。那个反派，菲利普·冯丹（詹姆斯·梅森饰）指责索希尔："卡普兰先生，有人说过你把好几个角色都演得太过火了吗？"冯丹列举了几个卡普兰用过的身份，总结道："在我看来，你的伙伴们最好少受点联邦调查局的训练，多到制片厂去学学。"索希尔的回应掺入了同样的暗讽："显然唯一能让你满意的表演只有我的死亡。"冯丹轻描淡写地答道，"那是你的下一个角色。"索希尔毫不动摇地说，"我很好奇下一步会发生何种巧妙的杀人行为。"这些精心设计的对话和它们的暗指看似无关紧要，但那恰恰就是这一幕的意义。就像希区柯克对特吕弗说的，"你知道吗，就算是一个无关紧要的场景，也必须有足够的理由才能出现在那里。"

7 到头的好运

一点疯狂

希区柯克曾对夏洛特·钱德勒[1]说,要想采访他就必须采访他的电影,这大体上还是句玩笑话。对此她没有过激的反应,而是回答说她已经采访过了,只是影片没有向她透露它们的秘密。我从影片中得到的讯息不比她更多,可我发现很多镜头都在表达导演对这个世界的看法,随处可见激进的、富有煽动性的念头,关于人们该如何生活在这个世界上,又该如何去理解它;它们告诉我们应该害怕的是什么,我们又应该信任谁——假设真的有人值得信任。这些影片描绘的是一些无法自我阐释的世界,这样的世界对真理也没有足够的认识;随着希区柯克把工作重心从英国转到美国,他的作品背景也发生了变化,从一个被围困的、没有远见的危险世界变

---

[1] 夏洛特·钱德勒(Charlotte Chandler),是美国林肯表演艺术中心电影协会会员、著名传记作家。

为一个自信的、不断探索的，却仍是危险的世界。

在本·麦金泰尔为声名狼藉的间谍金·菲尔比[1]写的传记《朋友圈内的间谍》（*A Spy Among Friends*）里，我们得知一个朋友为菲尔比的妻子买了一张在伦敦放映《群鸟》的电影票。作者推测，这或许是这个朋友"对她的警告"，想告诉她"看似平静的生活也可能迅速堕入梦魇"。一个相当隐晦的警告。从这部片子里，观众还能得出其他类似的结论，它们更明显地影射了现实世界里的间谍活动，起码是暗示了冷战导致的高压氛围。然而，有一点是肯定的，与希区柯克早期的创作不同，他的晚期作品，从《惊魂记》开始，都是关于日常生活堕入噩梦的故事。或者我们应该这样说，噩梦在他的早期作品中不时一闪而过，但在他后期的作品里，噩梦成了挥之不去的现实，笼罩了影片里的世界。

这样的变化无疑与希区柯克的电视生涯、他通过电视媒介塑造的个人形象，以及他对观众的定义改变有关。从很多方面来看，电视观众和导演的关系都更紧密：希区柯克直接对他们说话，逗弄他们，他显然觉得有必要更彻底地操控电视观众的反应，相较之下，他对电影观众可没有那么强的掌控力，或者说，即使他想要全盘操控他们的反应，也难以做到那样的地步。基于这些理由，以及其他的

---

[1] 哈罗德·金·菲尔比（Harold Kim Philby, 1912—1988），是英国人，他利用职务上的便利条件，为苏联提供了大量重要情报，最后身份暴露出逃苏联。

因素，从最好的层面去理解，《惊魂记》就像是一部为电影观众拍摄的电视长片。这部影片带给观众的震撼部分源自它对日常生活直观的呈现：不只是那场著名的浴室杀人戏，还有在同一个浴室里的抽水马桶的镜头，这绝对是好莱坞银幕上出现的第一只马桶。在影片的第一段，玛丽安·克莱恩（珍妮特·利饰）想要逃脱自己不如意的生活，为此她偷了一笔钱去找她的情人。就一部类型片来说，这样的情节并不常见，让人感到无聊乏味。给人的感觉像是《弗兰肯斯坦》（*Frankenstein*）[1]，或更好一些的《年轻的弗兰肯斯坦》（*Young Frankenstein*）[2] 被拍成了一部电视纪录片。

当然，所有这些都是为了铺垫浴室那一幕的恐怖氛围，诺曼·贝茨（安东尼·珀金斯饰）在他母亲人格的驱使下残忍地捅死了玛丽安，这一幕所呈现的骇人的恐怖气氛部分源自于我们在这一幕之前看到的那些平凡的日常。但这种平凡的日常也自有其一以贯之的合理性。这场戏之所以能达到这样的效果，很大程度上要归功于导演在影片第一段中对摄影机化作入侵视角所做的坚持不懈的探索。摄影机向上攀升到一扇底部稍稍打开的窗户，接着穿过缝隙，偷窥着玛丽安和她的情人。镜头环视了一下玛丽安的旅馆房间，扫过所有的家具陈设，停在她用来藏钱的报纸上。

---

[1] 《弗兰肯斯坦》是英国作家玛丽·雪莱在1918年创作的长篇小说，该作讲述了生物学家弗兰肯斯坦用不同尸体拼凑出了一个巨大人体，而弗兰肯斯坦被他的狰狞面目吓得落荒而逃，接踵而至的更是一系列诡异的悬疑和命案。
[2] 《年轻的弗兰肯斯坦》是根据小说改编的恐怖电影。

在诺曼清理杀人现场的那一幕里,摄影机的行动也是如此。尽管摄影机在电影里总是扮演类似这样的角色,但我们作为观众不总会感到自己像个间谍,其他影片里的摄影机也不总是对单调的日常生活进行如此巨细靡遗的耐心观察。浴缸边沿的最后一滴血迹……诺曼会发现它,把它擦掉吗?他当然会的。有必要在这里引入一点技术方面的背景知识。《阿尔弗雷德·希区柯克与〈惊魂记〉的拍摄过程》(*Alfred Hitchcock and the Making of Psycho*)的作者史蒂芬·雷贝洛写道:"几乎整部片子都是用50毫米的镜头拍的,导演坚持要摄影师约翰·鲁赛尔那样做。在当时广泛使用的35毫米摄影机上搭配这样的镜头,能够最大限度地还原人眼看到的景象。"[1]

然而,还有另一种可能,希区柯克感到他的世界正在变为一个噩梦,倘若真是如此,《惊魂记》的银幕效果就完全无关乎拍摄技巧的变更了。大卫·汤姆森认为我所说的"平凡的日常"实则是一种"令人不愉快的恶意",他对它的定义是"用一种黑色电影风格的方式打破了幸福生活的幻梦,这种幻象的破灭将要接管的不只是美国银幕的面貌,还有美国真实的生活方式。"他认为,"值得注意的是,阿尔弗雷德·希区柯克在这部影片里着重描绘了一个贪婪、虚伪的国家形象,它的日常图景就是那样令人厌恶……正

---

[1] 此书内容是关于电影《惊魂记》幕后的完整故事。

是我们看到的这个世界冰冷的恶意,导致了片中最引人瞩目的杀戮。"情况也许比他说的要更复杂一些(这里的隐喻还是多了一点),但影片确实成功地塑造了一种乍看之下不可能存在的社会和心理氛围。它用一个特殊的个案给予观众强烈的震撼,无关紧要的爱情和犯罪故事摇身一变成了一部恐怖片。同时,它也让观众开始怀疑,除了证实规则的存在,这个个案是否用一种反常的、象征的方式证实了它就是规则本身。唯其如此,在诺曼杀死玛丽安之前,两人之间那段精彩的对白才如此重要。他们的对话里有一种平易近人的低端哲学的论述,让我们不由自主地点头表示赞同,却不知道自己赞同的是什么。"我们都被囚禁在自己的牢笼里。"诺曼说。玛丽安认为他说得对——她正要放弃逃出自己的囚笼。他说,尽管他母亲生病了,"但她不是个疯子,或不正常的人。她只是偶尔会失去控制。我们偶尔都会失去控制。"太对了。我们都是那样的人。然后我们就会把自己伪装成母亲去杀人。在那之前,我们已经把母亲干掉了。

在希区柯克早期的作品里,从日常到恐怖的演变、噩梦的降临,都总是一种可能性,而这种可能性就是影片的主题:恐惧、妄想、执迷、被神秘的力量附身。而在他晚期的影片里——尤其是《群鸟》和《艳贼》——此前的"可能"直截了当地发生在了银幕上,希区柯克也变成了另一种类型影片的导演,"他的改变可能超出了自己的预期。"

就像《火车怪客》一样，《惊魂记》的情节发展完全依赖于偶然的推动，唯一的区别是这部影片的女主角死了。当希区柯克得知观众在观看本片时一边大笑一边尖叫，他感到某种程度上的解脱，自那以后，他宣称那就是他一直想要达到的效果。我肯定那只是说说而已，他的作品给人的印象并非如此。安东尼·铂金斯说他认为希区柯克并不确定自己这部片子的基调，听闻观众在放映过程中大笑的新闻让他吃惊不小："一开始，他有点摸不着头脑，接着他感到难以置信，最后他变得十分沮丧。"

除了他在电视领域的经验对拍摄电影产生的影响以外，无疑还有很多别的因素在作祟，包括希区柯克的健康状况，影厂制度的终结[1]，品位的变化，新一代演员的出现。很多观众都相当喜欢希区柯克的某些晚期作品。《群鸟》和《狂凶记》（*Frenzy*）都有其坚定的支持者，而我想说的是，《家庭阴谋》（*Family Plot*）是一部被严重低估的作品。每个看过《狂凶记》的人都记得那个慢镜头，摄像机一路走下楼梯，逐渐远离那间正在发生凶案的公寓。这样的镜头运动是一种双重致意，既是对那个就此被杀害的女人，也

---

[1] 影厂制度（studio system）指的是"好莱坞黄金年代"（1920年代末到40年代末）的好莱坞电影公司运营模式，各大电影制作公司拥有自己的院线和拍摄设施，并长期雇佣大量制作人员，包括演员、导演、编剧等，为其决定参与的剧本和角色。1948年，美国司法部裁定电影公司同时拥有制作权和院线业务的做法违反了反垄断法，判决必须拆分两部分业务。同年，女演员奥利维娅·德·哈维兰起诉华纳兄弟获胜，成为好莱坞历史上第一个演员胜诉电影公司的案例。明星们自此开始摆脱电影公司的掌控。另一方面，随着电视的普及，电影不再是唯一的视频娱乐渠道。三者共同导致了原有制作模式的衰败。

是对那个赢得了我们同情的男人,尽管看似不可能,但我们相信这个无辜人的清白;此外,摄影机沿着走廊一路往前推进到了热闹喧哗的街上,哪怕最大声的呼救也不可能被听见,这也成了对完美、秘密的谋杀的一种可怖的暗示。然而,《艳贼》《谍魂》(*Topaz*)和《冲破铁幕》都像是另一个不够专注的希区柯克作品。在那一时期留下的照片上,我们看到的是一个疲惫的、闷闷不乐的希区柯克,他的皮肤不再平滑,显得很焦虑,与过去那个体型庞大、沉着镇定的他相去甚远,他的自傲也不见了踪影。就连《群鸟》都像是对五十年代同类型片的模仿,虽然这部片子也有不少颇具独创性的精彩片段,它拒绝明言到底发生了什么的姿态也值得赞赏。尽管如此,想要更充分地了解希区柯克这一时期风格上的转变,《惊魂记》是一个更好的例子,而它的结尾更像是对现实的隐喻。

诺曼杀了一个寻找玛丽安的侦探,还差点要杀掉玛丽安的姐姐(每次诺曼都打扮成了他母亲的样子),在这危急关头,玛丽安的情人及时赶到(他也在帮忙寻找玛丽安),卸下了诺曼的武器。下一幕的场景转移到了警察局里,姐姐和情人,外加几个警察和公务人员都在等待精神病学家对诺曼心理状况的分析结果。他们为什么要听到这段分析?在医生滔滔不绝地谈论着"精神分析"的结果时,他们为何如此耐心地坐着听到了最后?

对于这个问题,有好几种可能的回答。也许,按照麦吉利根的说法,希区柯克只是对电影审查制度感到紧张[1]。也许他担心观众能否理解"人格分裂"这个复杂的概念。为此,他过于热切地参与了编剧约瑟夫·斯特法诺的工作,过于充分地解释了他的想法,例如诺曼是如何深信自己变成了母亲,他人格中母亲的那部分对另一部分的人格产生了嫉妒的情绪,等等。这样的解释并不足以让人信服,因为希区柯克深谙如何巧妙地绕过审查制度,就算他的技巧不如从前了,他肯定还没彻底丧失这方面的能力。此外,这样的理由也没法解释西蒙·奥克兰扮演的精神病学家出色却令人不适的表演(一年后,他在《西区故事》(*West Side Story*)里扮演了同样惹人反感的利厄塔特·史兰克)。这一幕蕴藏着某种程度的黑色幽默,和希区柯克很多电视剧的风格有着异曲同工之妙,让某个角色强调那些再明显不过的事实,好像他不清楚观众已经完全掌握这些讯息了。这个玩笑显然没有奏效,但它的意图已经很明显了。希区柯克的手法还跟过去一样高明;他决心正面出击,嘲笑我们的愚蠢。在拍摄《阴谋破坏》时,希区柯克曾对编剧彼得·维特尔开玩笑说他的观众是"愚蠢的大多数",但在最后的成片里,这句话成了一个欣赏纳粹的美国人的台词。

---

[1] 1930 年,美国电影制片人和发行协会拟定了《电影制片法典》(*Motion Picture Production Code*),又名"海斯法典",好莱坞电影在 1930 年至 1968 年间发行的作品内容和主题都受到该法典的限制和审查。法典对许多具体内容做了规定,反对任何"不道德"的内容和暗示,导致好莱坞的电影制作方式发生了彻底的改变。

《惊魂记》则倒置了这种讽刺。这是一部充满力量的作品，完美地呈现了希区柯克的晚期风格。然而，对于我们当中那些钟情于《迷魂记》的复杂情节和秘密，以及《西北偏北》的优雅和智慧的人来说，它可能无法带来同样震撼的冲击。

过时的花招

我们或许会好奇，六十岁后的希区柯克（无论在生活里还是在影片里）是否还在重演自己过去某些广为人知的花招，尽管眼下它们已经不再能惹人发笑了。孩提时期的希区柯克把一枚鞭炮别在同学的裤子上。成年后的他跟一名道具员打赌，称后者不敢独自在摄影棚里过夜。希区柯克把这个人和一台摄影机铐在一起，又给了他一瓶白兰地，陪他度过这个长夜。酒里下了泻药，到了早上，道具员哭着被人发现了，满身秽物，他所蒙受的羞辱比这个漫长的夜晚更让他崩溃。对于那些感到这个恶作剧可笑的人（或文化），我们可得小心了——而这则轶事已经成了英国电影史上的一个传说，不仅被希区柯克的传记作者们争相引用，还频繁出现在其他人的传记里，这样的事实同样值得引起我们的警惕。

这个恶劣的玩笑竟然还有续篇。一个朋友在希区柯克身上试了试这个把戏，送了他一瓶加泻药的白兰地做谢礼。希区柯克没有表现出任何明显的反应，也没再提起这件事。最后，这个朋友再也忍不下去了，问希区柯克是否喜欢那瓶白兰地。"哦，当然，"希区柯克说，"我不想提的，可我母亲病了，医生说她应该喝点白兰地，我们就把你那瓶给她了。"这个朋友感到十分愧疚，给希区柯克的母亲送了花，并向她致以问候，结果发现她好得很，压根儿不知道白兰地这回事。

现实中的恶劣玩笑在希区柯克生活过的英国相当常见，不少人认为它们暗示着一种受阻的沟通渴望，也是渴望在真实世界里掌控秩序的欲望的缩影，在日常维度的范畴里，这个世界似乎难以被规训。可我猜想这些行为的主要目的也许是为了颠覆既有的一切，是想让所有秩序化作混乱和无序的冲动。在英国，这些玩笑代表的（或过去代表的）并非利用幽默感去化解内心的攻击倾向，而是对无政府主义下的混乱状态的向往，对此任何有教养的人都羞于通过这种方式来抒发己见。尤其是像希区柯克这样的人，更不可能接受自己竟然会有这样的念头。

然而，希区柯克的恶作剧并不只是他的英国背景在作祟，它们也不是导演的个人偏好，我同意唐纳德·斯波托[1]的看法，他认为这些举动是他自身繁复的内心世界的

---

[1] 唐纳德·斯波托（Donald Spoto, 1941— ），国际知名传记作家，他著有关于伊丽莎白·泰勒、英格丽·褒曼、玛丽莲·梦露等多个著名影星传记。

一种投射，就像陀思妥耶夫斯基笔下的主人公[1]。它们和他的电影一样，用精心设计的手法短暂地扰乱正常生活的秩序，在能够控制的前提下暂时探向难以预测的未知。他在好莱坞庆祝了自己的第四十三个生日。晚宴过后，他站起身来，用一把切肉刀抵着自己的喉咙，像是要把它割开。随后，他把刀放到一边，宣布可以上酒了。斯波托认为这个举动是一次"尤为可怖的个人表演"，显然是个品位低劣的玩笑。但他影片里的很多时刻也展现了同样的基调，这个玩笑像是一次突兀的提醒，告诉我们死亡终会降临，并让这个念头动摇我们习以为常的安稳生活。

然而，希区柯克在拍摄《群鸟》期间对蒂比·海德莉的态度可不止于玩笑那么简单。后来他承认那段时间的自己感到烦躁不安，失去了对自我的控制。他对特吕弗说："我经历了一些情感上的问题……我把全副身心都给了那个女孩，你知道的……为此我陷入了一种绝望、痛苦的状态。"在影片的最后一个场景里，女主角遭到了大群鸟儿的攻击。一开始用的是道具鸟，拍出来的效果并不理想，于是道具组用绳子把真的鸟拴在海德莉的衣服上，整个拍摄过程持续了一个星期，女演员和鸟群都变得愈发歇斯底里起来。最后，一只鸟啄上了海德莉的眼睛，她彻底崩溃了。明眼人都看得出希区柯克十分紧张，但他坚持自己的想法。

---

[1] 指主人公不只是作者描写的客观对象，而是表现自我意识的主体。

他想要拍摄这一幕，编剧伊万·亨特则说，"可某一部分的他并不想拍这场戏。"根据斯波托的说法，在拍摄他的下一部作品《艳贼》时，一向胆怯的希区柯克对海德莉提出了性方面的要求，还对她加以威胁，却遭到了拒绝。在那以后，他拒绝和海德莉交谈，也不提她的名字。泰勒说两人为她能否离开片场休息一周吵了一架，还声称希区柯克说她在拒绝他时提到了他的体重，那是他最不能原谅她的地方。

事情的真相是希区柯克爱上了自己打造出来的明星形象——从他的作品和生活里，我们都能清楚地看到法国影评人布鲁诺·维利恩称之为"皮格马利翁效应"[1]的影响，而这也成了对希区柯克的评述中最老套的论调，爱和暴力为金发的冰山美人带来了生命。萨沙·格瓦斯的影片《希区柯克》[2]明确地重提了这个说法，让维拉·迈尔斯和詹尼特·朗对导演和他们"打扮"演员的行为加以讨论。迈尔斯说，"你记得《迷魂记》里吉米·斯图尔特演的那个饱受折磨的倒霉蛋吗？他就是希区。"朗回应道，"跟奥森·威尔斯相比，他已经是个甜心了。"

在拍摄《群鸟》和《艳贼》时，希区柯克的年纪和声

---

[1] 皮格马里翁（Pygmalion）是古希腊神话中塞普勒斯国王。国王爱上了自己雕刻的美女塑像，祈求爱神阿佛罗狄忒赋予雕像以生命，并娶她为妻。后由美国心理学家罗森塔尔和雅各布森在实验中予以论证，认为当人类对某件事情怀有非常强烈的期望时，梦想便会成真。
[2] 本片根据史蒂芬·雷贝洛（Stephen Rebello）出版于1988年的同名纪实文学改编。记录了希区柯克为《精神病患者》的拍摄所付出的种种努力。

望诱使他屈从于自己的内心情感,过去他总是把这些感情压抑在心底,甚至根本都不怎么需要压抑。事实表明,直到职业生涯的晚期,他确实都在压抑自己这方面的情感,因而我们看到的并非一个最终释放了自己内心欲望的人,而是其他人在生命较早阶段曾面对过的欲念,在他已经无力掌控的时候降临到了他的身上。

我们都清楚希区柯克行为中残暴的一面,不过在我看来,他也表现出了相当多的善意,时至今日,我们无需再为他开脱或加以批评。他的独到之处,或者说得更确切一点,让数百万人与之产生共鸣的,是他真实表达出来的独到之处与他乏味的、始终如一普通人一面的结合体。他的电影就是那样运作的,也正是基于那样的理由,我们不能把它们简单地归结为个体病态心理的投射。就算希区柯克对自己的认识并不清晰,或者说他并不想清楚地认识自己,他对观众的心理可是了如指掌。问题在于,在他职业生涯的晚期,由于他总是在嘲讽观众,导致人们在很大程度上忽略了这一点。

直到《家庭阴谋》(*Family Plot*)[1],情况才有了变化。或许我是唯一一个认为这部影片与《西北偏北》同出一脉的人。假设这个看法能够成立,一部分是因为恩斯特·莱曼的剧本。他是这两部影片的编剧,维克托·坎宁的原著

---

[1] 又名《大巧局》。

小说《雷恩博德模式》(*The Rainbird Pattern*) 也为他提供了一个相当不错的改编基础。不过，希区柯克更像是在借这次旧友间的合作找回他的幽默感和他的恐惧。

《家庭阴谋》里那辆失去控制的汽车让人想起《西北偏北》里类似的那场戏，这不仅是因为曾经的背面投影改换成了投影在车前的大路。整个场景都是为了逗笑观众而设计的。我们的注意力都被女主角在开车的男主角身旁挥舞的手脚给吸引住了。这辆车最终侧翻了，滚下了大路，我们能看到那个女人僵硬地从车顶上探出身来。这里有一个特写镜头，她的便鞋踩在同伴扭曲的脸上。他挣扎着爬出翻倒的车子，为了确保观众会发笑，他的手臂上还缠着她的手提包带子。他们的车可是刚从山上翻了下来。这一幕并不是为了引发观众的惊恐情绪而设计的，但其中的惊险也没有完全被搞笑取代。

这样蕴藏双重情绪效果的情节在整部影片里层出不穷。布兰琪·泰勒（芭芭拉·哈里斯饰）是个灵媒，但她的异世天分还需她的朋友乔治·莱利（布鲁斯·邓恩饰）的协同调查才能得到充分的发挥。他们要寻找一个将要继承大笔财富的年轻人，找到这个人后，他们能得到一万美元的酬金。不幸的是，他们要找的这个人犯下了一连串的绑架案，他认为布兰琪和乔治跟踪他就是为了那件事。

影片中有一幕充分地展现了导演想要达到的讽刺效果：布兰琪要去找一名主教谈话，后者应该知道她和乔治要找的那个人的下落,却发现主教被他们要找的人绑架了。绑架犯开车带着主教逃跑时,他们开始怀疑布兰琪是否真的具有超自然的力量。他们不久前才得知她的能力,对此还半信半疑。但他们还能怎么想呢?难道要以为自己是在一部由不合情理的巧合主导的影片里吗?

起先,片名的双重含义似乎不言而喻[1]——阴谋和死亡。和只会通往死亡的光荣之路一样[2],家族的阴谋只会通向家族的墓穴。要是从故事线索的角度去看这个词的另一重含义呢?这样的"情节"是否还是一种阴谋——或许是针对观众的阴谋?所有的线索都将以死亡结束吗?在希区柯克写下"每个人的故事都是一样的"那句话时,他就是这个意思吗?家族的阴谋故事是为了纪念家族的价值观吗?或者仅仅是弗洛伊德式的家族浪漫史[3]?要我说,一条成功的叙事线索不仅是对事件的因果组合,而是一种针对安排自身的安排,同时结合了密谋与组织的做法。并非每个故事都有两条线索,但每条线索都会通向两种可能。

希区柯克说过,坎宁的小说里让他感兴趣的是"两条不同的线索、两组不同的人马不可避免地逐渐相交"。逐

---

[1] Plot 可以解释为"阴谋"或"墓地",下文中又引申为"情节"。
[2] 可能是指斯坦利·库布里克(Stanley Kubrick, 1928—1999)于 1957 年根据汉弗雷·科比(Humphrey Cobb, 1899—1944)的小说《光荣之路》改编的同名影片。
[3] 家族罗曼史(Family Romance)是弗洛伊德于 1909 年采用的一术语,用以描述人们"探寻有关家族起源的历史"。例如,搜集是否为富贵父母的子女,是否为非法的私生子等。目的之一在于了解与父母的关系。

渐：时间节点的问题。不可避免：命运的问题。希区柯克声称，在这部影片里，通过对这个题材的这种处理方式，他想要展现的是"某种技巧性的东西"。时间节点的处理和应用当然是技巧性的，但命运呢？在电影和很多故事里，命运也一样需要技巧的安排。

在一部小说，或一段现实生活中的浪漫邂逅的伊始，我们会感到一切皆有可能。随后我们意识到，有些事情是不会发生的；不同的人有不同的生活轨迹，选择不同的生活方式。我们开始感到这些人不会再次相遇。随后他们遇见了：两条线索的轨迹交叠在一起，希区柯克的"结构拼图"由此成型。双重线索总会让我们意识到还有另一条线索，我们看到的不是事情的全部。两条线索的交汇让我们意识到自己可能身处另一种情况，甚或已经身处其间了。另一条线索正在一座美国公墓里等待着我们。

这座公墓破旧不堪，杂草丛生，小径的图案毫无规则可言，但仍旧组成了一个图案。在绑架者的指示下，一位名叫马洛尼的男人要杀掉布兰琪和乔治。他没能成功，反而把自己给害死了。乔治认为马洛尼的遗孀能给他提供一些讯息，试图在葬礼后找她谈谈。她沿着其中一条小径走了，乔治选了另一条路。如果那个寡妇真想避开乔治，她是可以做到的，但在这个特殊的叙事框架里可行不通。她并不是真的在试图逃跑，乔治也不急着要赶上她。好像他们两人是在一个迷宫里——整个场景的俯拍镜头加深了这个印象——那么多条路里没有一条通向出口。寡妇在银幕的上方，乔治在下方，两人选择的道路相互平行，转向，再次回到平行的模式。他们几乎要碰面了，又再次绕向不同的方向，经过最后一片空地。这时他们终于碰面了。

研究希区柯克的学者莱斯利·布里尔把这场戏和"《火车怪客》开头交错的铁轨"做了比较，后者也是"一种情节的象征"。然而，这两场戏还是存在不少值得探究的差异。在《火车怪客》里，铁轨相互接近又再度分开，最后又交叉在一起，对应着布鲁诺交换谋杀的计划。而《家族阴谋》里的道路先是突然转向，继而通往彼此。没有其他地方可去。这处破败的墓地暗示着一个封闭的世界，这个世界也有它的秩序，却并不规整，就像是某种经过设计的美国的野蛮力量。

在《家族阴谋》里看不到希区柯克影片中常见的无辜受害人，只有不太坏的小骗子和敲诈犯，他们和那两个下手更狠的骗子构成了同一条贪婪的食物链。然而，巧合又把线索带回到了那个无辜的人身上，因为希区柯克影片中的巧合可不是促成俗世中大团圆结局的善良女神，而是导致不寻常险境的工具，让你的生活彻底倾覆的魔杖。

正是因为布兰琪看到了那个被绑架的主教，那个绑架犯才要杀她——在小说里，他确实杀了她。她完全可能在其他时刻抵达教堂，什么也没看到。《狂凶记》、《三十九级台阶》和《西北偏北》的主角们也都是因为类似这样明显的巧合落入了困难重重的险境。我们看到的不只是最直接的那条线索,即布兰琪找到了她要找的人,和他当面对峙。我们也循着绑架犯的那条线索,看着布兰琪被镜头和他找到了。在这部影片的世界里,我们透过布兰琪的经历意识到,唯有冒险闯入他人的情节,角色才能完成自己的那部分情节。布兰琪在与死者沟通的夸张过程中表现出来的那些呻吟和低语(或者可以这样说,芭芭拉·哈里斯对这个角色的精彩演绎)自然地暗示了一种超乎寻常的力量,而绝对不会让观众联想到超自然的能力,就像巧合给人的感觉一样。正如影评人雷蒙德·杜格纳特所言,希区柯克的世界是由"不恰当的、令人感到讽刺的非正义力量"所主宰的。除非我们想要称之为"恰当的非正义",它就是那样一种让人感到恐怖的力量,把我们害怕看到的东西推到我们面前,完美、精确地展现了"时运不济"这四个字的定义。

老套的死亡

《家庭阴谋》中精巧的情节安排和神秘力量带来的观影乐趣令人欣慰,这些特质并不常见于他的晚期作品。他一直坚称《家庭阴谋》不是他的最后一部影片,他还有另一个计划,根据罗纳德·柯克布莱德的小说《短暂的夜晚》

(*The Short Night*)改编的一部有关英国间谍乔治·布莱克的影片。然而,1979年5月,希区柯克和大卫·弗里曼放弃了这个计划。那年底,希区柯克在接受英国女王授予他的骑士头衔时,用它开了个不太合宜的玩笑。他说,自己成了一个"短暂(矮小)的骑士"。

很长一段时间里,希区柯克对他人的死亡兴趣都甚于他自己的,好像他作品中的死亡和接近死亡的故事能够保证它们的导演长存于世。直到1957年,他都还在拿自己过去的健康状况开玩笑。一次疝气手术引起了并发症,可希区柯克不以为意——至少他是这么写的。"就一个号称自己从没生过病的人来说,"他在给迈克尔·鲍尔肯的信里写道,"这回我可是中头彩了——疝气,黄疸,又移除了胆囊——两次内出血——都在过去的十二周里。"然而,到了1964年,他的朋友们都开始过世,他一直感觉不佳,尽管他的医生查不出任何明显的问题。几年里,他一直忍受着痛风的困扰,1974年还装了支架。希区柯克又给鲍尔肯写了信,说这玩意儿像个过时的怀表。

同一时期,艾尔玛的健康也出了不少问题,1958年,她被诊断患了癌症,1971年和1976年,她中风了两次,这让情况更加雪上加霜。她终于对人和电影都失去了兴趣,或者她再也无力去维持那种兴趣了。一直以来,她都被两者深深吸引,哪怕她一直与它们保持着适当的距离。她比希区柯克多活了两年,但她似乎没有意识到他已经不在了——或是曾经存在过。

1976年，阿尔弗雷德和艾尔玛最后一次去了圣莫里兹[1]，那是他们的蜜月旅行地，后来又不断地到那里去度假。希区柯克在桑达斯-西奈医院做了最后一次检查，回家后就卧床不起。他的医生说希区柯克还可以活上好几年，尽管他时不时患点小病，身体的机能也开始衰退了，但他体内的某种力量——也许并非他的主观意愿，而是某种比主观意愿更深层的力量，潜没在身体里的另一个自我来决定派对何时结束——主宰一切并抉择何时谢幕。1980年4月29日，希区柯克离开了人世。

我们应该让他的电影去讲述他的遗言。我们将不会直接听到他的声音，而只能从影像里推断他的遗念，从默片世界传来的生动讯息——这给我们增添了乐趣。重要的不是我们会如何想象，而是我们始终在想象某些东西。但我们需要捕捉到最后一刻的道别，尽管它并不明显，也并非刻意为之。在《家庭阴谋》里有一扇门的镜头，磨砂玻璃上印着"出生与死亡登记处"。在那扇玻璃门的后面，希区柯克和一个女人在交谈。说得再准确一点，我们看到的是他标志性的侧影。我们看到的导演是一个影子、一个鬼魂、一个鬼影般的登记员。希区柯克的影片里没有讲述多少出生的故事，但你总得先出生，然后才能迎接你的死亡，而

---

[1] 圣莫里兹（St. Moritz）位于瑞士东南部的格劳宾登州，四周是阿尔卑斯山峰、莱茵河、波河和多瑙河。

他总是擅长处理这部分的事情。他在对那个女人说什么呢?或许是,"你知道,你真的不应该一直杀害你的丈夫们;这已经是第四回了。"

致谢

本书中的部分篇章初稿散见于《纽约书评》和《伦敦书评》,衷心感谢两份报纸的编辑们允许我在他们的版面上进行有关希区柯克的思考。

在我失去头绪的时候,詹姆斯·阿特拉斯为我厘清了思路,提供了极富洞见的建议。艾蕾娜·乌里布与我分享了她对每一部影片的看法,为我纠正了不少错误的判断。

参考书目

以希区柯克及其作品为主题的书籍和文章难以计数,这还是在只算上那些言之有物的出版物的前提下。我在此列出了一些对本书尤为重要甚至不可或缺的参考资料,读者能够从中发掘不少有趣的方向,好对这位伟大的导演做更多的了解。

帕特里克·麦吉利根、约翰·鲁塞尔·泰勒,还有唐纳德·斯波托的希区柯克传记作品为我写作本书提供了大量素材,此外,希区柯克与弗朗西斯·特吕弗的详尽谈话录也使我受益良多。本书中的评论意见大多源自我反复观看影片后的直观感受,但我也要向以下这些影评人致敬,感谢他们的洞见赋予我的灵感:尼尔·伯明顿、查尔斯·巴尔、克劳德·夏布洛尔、汤姆·科恩、雷蒙德·道格纳特、比尔·柯荣、D·A·米勒、塔尼亚·莫德尔斯基、埃里克·侯麦、威廉·鲁特曼、杰克·萨利万、大卫·汤姆森、乔治·威尔森和罗宾·伍德。

Auiler, Dan. *Hitchcock's Secret Notebooks: An Authorised and Illustrated Look Inside the Creative Mind of Alfred Hitchcock*. London: Bloomsbury, 1999.

———. *Vertigo: The Making of a Hitchcock Classic*. New York: St. Martin's Press, 1998.

Badmington, Neil. *Hitchcock's Magic*. Cardiff: University of Wales Press, 2011.

Barr, Charles. *Vertigo*. London: British Film Institute, 2002.

Brill, Lesley. *The Hirchcock Romance: Love and Irony in Hitchcock's Films*. Princeton, NJ: Princeton Universify Press, 1988.

Chandler, Charlotte. *It's Only a Movie: Alfred Hitchcock, a*

Personal Biography. New York: Simon & Schuster, 2005.

Cohen, Paula Marantz. *Alfred Hitchcock: The Legacy of Victorianism*. Lexington: University Press of Kentucky, 1995.

Cohen, Tom. *Hitchcock's Cryptonymies*. Minneapolis: University of Minnesota Press, 2005.

Contad, Peter. *The Hithcock Murders*. London: Feber, 2000.

Durgnat, Raymond. *The Strange Case of Alfred Hitchcock*. Cambridge, MA: MIT Press, 1974.

Freedman, Jonathan, and Richard H. Millington, eds. *Hitchcock's America*. New York: Oxford University Press, 1999.

Freeman, David. *The Last Days of Alftred Hitchcock*. Woodstock, NY: Overlook Press, 1984.

Gottlieb, Sidney, ed. *Hitchcock on Hitchcock: Selected Writings and Interviews*. Berkeley: University of California Press, 1995.

Griffin, Susan M., and Alan Nadel, eds. *The Men Who Knew Too Much: Henry James and Alfred Hitchcock*. New York: Oxford University Press, 2012.

Hitchcock O'Connell, Pat, and Laurent Bouzereau. *Alma Hitchcock: The Woman behind the Man*. New York: Berkley Books, 2003.

Kapsis, Robert E. *Hitchcock: The Making of a Reputation*. Chicago: University of Chicago Press, 1992.

Krohn, Bill. *Hitchcock at Work*. London: Phaidon, 2000.

Leitch, Thomas, ed. *The Encyclopedia of Alfred Hitchcock*. New York: Facts on File, 2002.

Makkai, Katalin, ed. *Vertigo*. Abingdon, UK, and New York: Routledge, 2013.

McCarty, John, and Brian Kelleher. *Alfred Hitchcock Presents: An Illustrated Guide to the Ten-Year Television Career of the Master of Suspense*. New York: St. Martin'a Press, 1985.

McGilligan, Patrick. *Alfred Hitchcock: A Life in Darkness and Light*. New York: Regan Books, 2003.

Miller, D. A. "Hitchcock's Understyle: A Too-Close View of Rope," *Representations* 121, no. 1 (Winter 2013): 1–30.

Modleski, Tania. *The Women Who Knew Too Much: Hitchcock and*

Feminist Theory. New York: Methuen, 1988.

Paglia, Camille. *The Birds*. London: British Film Institute, 1998.

Pebello, Stephen. *Alfred Hitchcock and the Making of Psycho*. New York: Dembner Books, 1990.

Rohmer, Eric, and Claude Chabrol. *Hitchcock, the First FortyFour Films*. Translated by Stanley Hochman. New York: F. Unger, 1979.

Rothman, William. *Hitchcock: The Murderous Gaze*. 1982; 2nd ed. , Albany: State University of New York Press, 2012.

Spoto, Donald. *The Art of Alfred Hitchcock: Fifty Years of His Motoion Pictures*. New York: Hopkinson and Blake, 1976.

——*The Dark Side of Genius: The Life of Alfred Hitchcock*. Boston: Little, Brown, 1983.

——*Spellbound by Beauty: Alfred Hitchcock and His Leading Ladies*. New York: Harmony Books, 2008.

Sullivan, Jack. *Hitchcock's Music*. New Haven, CT: Yale University Press, 2006.

Taylor, John Russell. *Hitch: The Life and Times of Alfred Hitchcock*. New York: Pantheon Books, 1978.

Thomson, David. *The Moment of Psycho: How Alfred Hitchcock Taught America to Love Murder*. New York: Basic Books, 2009.

Truffaut, François, with Heien G. Scott. *Hitchcock*. 1967; rev. ed. , New York: Simon &. Schuster, 1984.

Wilson, George M. *Narration in Light*. Baitimore, MD: Johns Hopkins University Press, 1986.

Wood, Robin. *Hitcbcock's Films*. 1965; 3rd ed. , South Brunswick, NJ: A. S. Barnes, 1977.

Žižek, Slavoj, ed. *Everything You Always Wanted to Know about Lacan (but Were Afraid to Ask Hitcbcock)*. London and New York: Verso, 1992.

影片目录

在帕特里克·麦吉利根的传记作品里,能够找到希区柯克参与过的所有影片,包括他在学徒时期的作品和电视剧集。我在此仅列出那些由希区柯克执导的作品。

《十三号》(未完成作品),1922 年

《欢乐园》,1925 年

《山鹰》(已佚),1926 年

《房客》,1926 年

《下坡路》,1927 年

《指环》,1927 年

《水性杨花》,1927 年

《农家妇》,1928 年

《香槟》,1928 年

《孟克斯人》,1929 年

《讹诈》(默片),1929 年

《讹诈》(有声片),1929 年

《朱诺和孔雀》,1930 年

《爱尔斯特的呼声》(部分执导),1930 年

《谋杀!》，1930 年

《面子游戏》，1931 年

《奇怪的富翁》，1931 年

《十七号》，1932 年

《维也纳的华尔兹》，1933 年

《擒凶记》，1934 年

《三十九级台阶》，1935 年

《秘密间谍》，1936 年

《阴谋破坏》，1936 年

《年轻姑娘》[1]，1937 年

《贵妇失踪记》，1938 年

《牙买加旅馆》，1939 年

《蝴蝶梦》，1940 年

《海外特派员》，1940 年

《史密斯夫妇》，1941 年

《深闺疑云》，1941 年

《海角擒凶》，1942 年

《辣手摧花》[2]，1943 年

《怒海孤舟》[3]，1944 年

---

1 《Young and Innocent》，1937 年希区柯克导演作品。又译名《年少无知》《少女》《天真与无知》。
2 《Shadow of a Doubt》，1943 年希区柯克导演作品。又译名《辣手摧花》《心声疑影》。
3 《Life Boat》，1944 年希区柯克导演作品。又译名《战地惊魂》《救生船》《怒海孤舟》。

《一路顺风》,1944 年

《马达加斯加历险记》,1944 年

《爱德华大夫》,1945 年

《美人计》,1946 年

《凄艳断肠花》[1],1947 年

《夺魂索》,1948 年

《风流夜合花》,1949 年

《欲海惊魂》,1950 年

《火车怪客》,1951 年

《忏情记》,1953 年

《电话谋杀案》,1954 年

《后窗》,1954 年

《捉贼记》,1955 年

《怪尸案》,1955 年

《擒凶记》,1956 年

《迷魂记》,1948 年

《惊魂记》,1960 年

《群鸟》,1963 年

《艳贼》,1964 年

《冲破铁幕》,1966 年

《谍魂》,1969 年

《狂凶记》,1972 年

《家庭阴谋》,1976 年

---

1 《The Paradine Case》,1947 年希区柯克导演作品。又译名《帕拉亭案件》《杀夫案》《毒妇心》。

著译者

作者｜ 迈克尔·伍德 MICHAEL WOOD

迈克尔·伍德著有多部作品，包括《魔法师的疑问：纳博科夫与小说的冒险》《沉默的孩子们：论当代小说》，研究二十世纪四五十年代好莱坞电影的《电影中的美国》。他还是《纽约书评》长期撰稿人，普林斯顿大学比较文学系荣誉教授。

译者｜ 杨懿晶

杨懿晶，上海译文出版社文学编辑。译有《我们这种叛徒》《孤独的城市》等作品。

图书在版编目（CIP）数据

阿尔弗雷德·希区柯克：他知道得太多了/(英)迈克尔·伍德著；杨懿晶译.
-- 上海：上海文艺出版社，2020.2
(小文艺口袋文库. 知人系列)
ISBN 978-7-5321-7192-7

Ⅰ.①阿… Ⅱ.①迈… ②杨… Ⅲ.①希区科克(Hitchcock, Alfred 1899-1980) — 传记
Ⅳ.①K835.615.78

中国版本图书馆CIP数据核字(2019)第151846号

Copyrights © 2015 by Michael Wood
All Rights reserved.
This edition is made possible under a license arrangement originating with
Amazon Publishing, www.apub.com
著作权合同登记图字：09-2017-265号

发 行 人：陈 徵
责任编辑：朱艳华
装帧设计：Studio Pills

书　　名：阿尔弗雷德·希区柯克：他知道得太多了
作　　者：(英)迈克尔·伍德
译　　者：杨懿晶
出　　版：上海世纪出版集团　上海文艺出版社
地　　址：上海绍兴路7号　200020
发　　行：上海文艺出版社发行中心发行
　　　　　上海市绍兴路50号　200020　www.ewen.co
印　　刷：山东临沂新华印刷物流集团
开　　本：760×1000　1/32
印　　张：6
插　　页：3
字　　数：92,000
印　　次：2020年2月第1版　2020年2月第1次印刷
I S B N：978-7-5321-7192-7/K.394
定　　价：27.00元
告 读 者：如发现本书有质量问题请与印刷厂质量科联系　T: 0539-2925888

小文艺·口袋文库

知人系列 Icons

知人系列

汉娜·阿伦特：活在黑暗时代
塞林格：艺术家逃跑了
爱伦·坡：有一种发烧叫活着
梵高：一种力量在沸腾
卢西安·弗洛伊德：眼睛张大点
阿尔弗雷德·希区柯克：他知道得太多了
大卫·林奇：他来自异世界

33 1/3 系列

地下丝绒与妮可
迈尔斯·戴维斯—即兴精酿
大卫·鲍伊—低
汤姆·韦茨—剑鱼长号
齐柏林飞艇 IV
（即将推出，书名暂定）
鲍勃·迪伦—重访 61 号公路
涅槃—母体中
人行道—无为所为
小妖精—杜立特
黑色安息日—现实之主

知物系列

问卷 _ 潘多拉的清单
静默 _ 是奢侈,还是恐惧?
弃物 _ 游走在时间的边缘
面包 _ 膨胀的激情与冲突

小说系列

报告政府
我胆小如鼠
无性伴侣
特蕾莎的流氓犯
荔荔

二马路上的天使
不过是垃圾
正当防卫
夏朗的望远镜
北地爱情
群众来信
目光愈拉愈长
致无尽关系
不准眨眼
单身汉董进步

请女人猜谜
伪证制造者
金链汉子之歌
腐败分子潘长水
城市八卦